AF565249

JONATHAN M. ALBRECHT

DAS GROSSE **PSYCHOLOGIE** LEXIKON

Menschen lesen & verstehen, Psyche analysieren,
Manipulationstechniken erkennen & anwenden,
Gefühle & Emotionen kontrollieren,
Persönlichkeitsstörungen loswerden uvm.

INHALT

Psychologie kurz erklärt

Psychologie ist ein großes Thema und viele Menschen haben vermutlich kein klares Bild davon. Die bekannteste Erklärung von Psychologie ist:

Es ist die Wissenschaft vom Auftreten und Erleben der Menschen. Das Erleben und Verhalten jedes Einzelnen ist ein sehr dehnbarer Begriff, es beinhaltet alles, was der Mensch ist, was er fühlt, denkt und wie er handelt.

In der „Seelenkunde“ werden geistige, soziale und naturwissenschaftliche Denkmodelle verwendet, um zu verstehen, was im Inneren eines Menschen vorgeht, dieser aber nach außen nicht immer zeigt. Wie gibt sich eine Person in verschiedenen Umfeldern? Wieso zeigt er*sie sich so? Was sind die Auswirkungen von äußeren Umständen auf den Menschen?

Diesen und noch vielen anderen Fragen geht man in der Psychologie auf den Grund.

Einige konnten bereits beantwortet und nach verschiedenen Themenbereichen unterteilt werden. Diese können zum Beispiel die Arbeitswelt oder die Werbebranche sein. Es gibt kein Gebiet ohne Psychologie. Dort, wo Menschen sind, gibt es auch immer psychologische Faktoren. Unterscheiden können wir diese Aspekte in Alltagspsychologie und in die wissenschaftliche Psychologie.

Die Psychologie ist eine anerkannte Wissenschaft. Bestimmte Verfahrensweisen, wie Experimente, Tests (z.B. Intelligenztests), Fragebögen zur Persönlichkeit oder auch Interviews, werden genutzt, um das Verhalten und Erleben der Menschen zu beschreiben. Auch das EEG oder die Kernspintomographie werden in der Medizin und der Physiologie eingesetzt. Durch diese Verfahren werden Daten gewonnen, die mit Hilfe statistischer Methoden ausgewertet werden. Auf der einen Seite dienen sie zur Überprüfung einer vorher aufgestellten Hypothese über die Verbindung menschlicher

Verhaltens und Erlebensweisen, auf der anderen Seite sind sie Bedingungsfaktoren in Form von körperlichen oder umweltbezogenen Variablen.

Wie andere Wissenschaften auch, sucht die Psychologie nach Regeln und Prinzipien, denen das menschliche Verhalten folgt. Diese Devisen gelten für das Verhalten aller Personen oder Menschengruppen. Es ist zwar jeder Mensch individuell, dennoch gleichen die Menschen sich auch und dies auf eine nicht zu unterschätzende Weise. Wäre dies nicht so, wüsste niemand, wie er sich angemessen verhalten sollte. In der Regel wissen Menschen aber, welches Verhalten in gewissen Situationen, wie zum Beispiel bei einem Restaurantbesuch oder in der Schule, angemessen oder unangemessen ist. Diese Zusammenhänge versucht die Psychologie zu erklären und zu charakterisieren.

Um ein Bild tatsächlicher Gegebenheiten zu bekommen, werden vereinfachte Modelle erstellt. Diese liefern Einblick in die Voraussetzungen, denen Erleben und Verhalten unterliegen. Sie verdeutlichen die Zusammenhänge und stellen sie, befreit von Besonderheiten, dar.

Eine Beschreibung, die alle Fälle, auch die Sonderfälle, berücksichtigt, wäre wenig nützlich, sie würde das Hauptaugenmerk vom Ausschlaggebenden und vom Gemeinsamen ablenken. Es macht keinen Sinn, der Psychologie anzukreiden, dass der Einzelfall vernachlässigt wird, weil nach allgemeingültigen Regeln gesucht wird und allgemeine Regeln gelten ebenso für den Einzelfall.

Zu den allgemeinen Regeln müssen, wenn psychologische Erkenntnisse auf eine Person angewendet werden, ebenso die situativen und persönlichkeitsbedingten Besonderheiten berücksichtigt werden. Die Anwendung ist allerdings kein Untersuchungsgegenstadt der psycholo-gischen Wissenschaft. Diese Aufgabe wird von Anwendungsfächern wie der Psychotherapie übernommen. Weder mit der Psychotherapie im Allgemeinen noch einer bestimmten Art der Psychotherapie ist sie identisch.

Ebenfalls sind nicht alle Methoden und Konzepte der Psychotherapie auch aus der Psychologie entstanden. Die einzige Schule für Psychotherapie, die sich Einblicke und Methoden der Psychologie zunutze macht, ist die Verhaltenstherapie.

Die Psychoanalyse stellt kein psychologisches Fach dar, wie Thomas Städtler im Jahre 2000 sagte, sondern hat eine Sonder - und Randposition. Die Art der Erkenntnisse und die Weise wie die Psychoanalyse zu ihren Ergebnissen kommt, unterscheiden sich stark von der Psychologie. Der Arzt und Begründer der Psychoanalyse Sigmund Freud wird dementsprechend in der Psychologie nicht als ein führender Vertreter angesehen.

Die Historie

Die Psychologie besitzt eine lange Vergangenheit, allerdings nur eine kurze Historie. Erst im 19. Jahrhundert wurde die Psychologie als Wissenschaft anerkannt. Als wichtiger Vorläufer der Völkerpsychologie gilt Wilhelm von Humboldt. Als deren Urheber wird Moritz Lazarus, ein Philosoph, genannt. Er hat 1862 für Psychologie und Völkerpsychologie eine Professur erhalten.

In den Jahren 1860 bis 1890 brachte der Philosoph Moritz Lazarus zusammen mit dem Linguisten Heymann Steinthal die „Zeitschrift für Sprachwissenschaften und Völkerpsychologie“ heraus. Die zentralen programmatischen Schriften der Völkerpsychologie waren hier zu finden. Von Steinthal und Lazarus wurde die zentrale Anschauung von Wilhelm Wundt aufgegriffen und in den Jahren 1900 bis 1920 in einem Buch mit zehn Bänden veröffentlicht.

Der Soziologe und Arzt Gustave Le Bon, der das Buch „Psychologie der Massen“ im Jahre 1895 herausbrachte und Scipio Sighele, der das Werk „Psychologie des Auflaufs und der Massenverbrechen“ im Jahre 1891 veröffentlichte, begründeten die Massenpsychologie. Aus diesen und der Völkerpsychologie entstanden die heutige Soziologie und Sozialpsychologie.

Einen weiteren wesentlichen Einfluss für die Entwicklung dieser Fachbereiche übte Gabriel Tarde aus. Die Arbeiten von Margaret M. und Ruth B. waren auf diesem Gebiet der Grundstein für die Ethnologie und die spätere Ethnopsychoanalyse. Geprägt wurde die Psychologie durch den Materialismus im 19. Jahrhundert und durch die Werke von Johann Friedrich H. „Lehrbuch zur Psychologie“ im Jahre 1816 und Charles Bell, der sich mit der Entwicklung der Neurophysiologie beschäftigte, einge-führt. Physiker, Mediziner und Physiologen brachten sie ausschlag-gebend voran. Die Physiologen Ernst Heinrich Weber und Johannes Peter Müller beschäftigten sich mit der Wahrnehmung der Sinnesorgane. Bei der empirischen Forschung waren die ersten Schritte, nach wissenschaftlichen Eigenschaften, im Bereich der Phrenologie die Arbeiten von Franz Joseph Gall, Emil Du Bois-Reymond, Carl Ludwig und Ernst Brücke. Im Jahre 1872 begründete Charles Darwin die gegenüberstellende Verhaltensforschung und zeigte dabei Parallelen zwischen Menschen und Tieren auf.

In späteren Jahren beschäftigten sich dann viele traditionelle Fakultäten mit psychologischen Themen, also nicht nur die philosophische, sondern auch die medizinische, die juristische und die theologische Fakultät. Vor allem die juristische Fakultät hatte sich dieses Themas, in Bezug auf eine frühere verhaltenswissenschaftliche Ausweitung, angenommen.

Bereits im 17. Jahrhundert beschäftigte sich die medizinische Fakultät mit dem Thema „psychologische Phänomene". Diese könnte man inhaltlich abgrenzen und als frühe Form von deskriptiver Pathopsychologie bezeichnen. Von der Psyche gab es allerdings auch dort noch keine klare Lehre.

PSYCHOLOGIE – EIGENSTÄNDIGES FORSCHUNGSGEBIET

Zur Ergründung psychologischer Phänomene wurde das erste Labor durch Wilhelm Wundt im Jahre 1879 an der Universität Leipzig eingerichtet. Das war der Anfang der experimentellen Psychologie als akademischer Bereich. Wilhelm Wundt hatte schon in den 1860er Jahren Psychologie aus der Sicht der Naturwissenschaften in Heidelberg gelehrt. 1873/1874 veröffentlichte er die „Grundzüge der physiologischen Psychologie". In den ersten Schritten beschäftigte er sich größtenteils mit der Ergründung der Wahrnehmungsphysiologie und erklärte die sogenannte „Leipziger Schule". Als „Leipziger Schule" werden mehrere wissenschaftliche Schulen bezeichnet, die an der Universität Leipzig entstanden sind. Darunter fielen die Fächer Soziologie, Linguistik und Psychologie. Da Wundt erstmals einen genauen empirisch-methodischen Zugang, orientiert an den beobachteten Naturwissenschaften, methodologisch erarbeitet hat, wurde dieser Ansatz der anerkannte Beginn der akademischen aposteriorischen Psychologie.

Nebenbei verfolgten Carl Stumpf und sein Nachfolger Theodor Lipps eine andere Art von experimenteller Forschung. Diese wurde unter anderem durch die Werke von David Hume „Beobachtung des Verhaltens“ und Ernst Mach „Innere Erfahrung“ angeregt.

Als eigenständige Wissenschaft konstituierte sich die Psychologie von Deutschland aus an andere Universitäten. So entstanden auf der ganzen Welt Institute der Psychologie an den Universitäten. Theodule Ribot begann 1885 an der Sorbonne Paris seine Psychologievorlesungen und bekam im Jahr 1889 einen Lehrstuhl am College de France. An der Sorbonne wurde im selben Jahr ein Laboratorium für Psychologie gegründet und sehr erfolgreich von Alfred Binet geleitet.

In einigen großen Hospitälern, die sich zuvor nur mit der Beobachtung von Unzurechnungsfähigen befassten, begann man ernsthaft zu forschen. An der Universität Graz entstand, auf Betreiben und unter der Leitung von Alexius Meinong, 1894 das erste psychologische Laboratorium des österreichisch-ungarischen Systems.

Ohne jeden Abgrenzungs– bzw. Richtungsstreit zwischen Philosophie und Naturwissenschaften nahm die USA die experimentelle Psychologie vorbehaltlos auf. An der Johns-Hopkins-Universität in Baltimore gründete ein ehemaliger Schüler von William J. und Student von Wilhelm Wundt sowie Stanley Hall eine amerikanische Forschungsstätte für Psychologie. 1892 gab es bereits 17 solcher Laboratorien. Das American Journal of Psychology wurde von ihm im Jahre 1887 und die American Psychological Association, die erste professionelle psychologische Gesellschaft, im Jahre 1892 gegründet. Als Professor in Leipzig begann Wilhelm Wundt im Oktober 1875 mit der Vorlesung „Logik und Methodenlehre mit besonderer Rücksicht auf die Methoden der Naturforschung“.

Durch eine methodologische Unstimmigkeit, die durch Aufmachung sinnesphysiologischer Herangehensweisen gekennzeichnet war und die Methoden in der Naturwissenschaft für philosophische Gegenstandsbereiche, interessierte sich Wundt besonders für psychologische

Fragestellungen. Wundt hatte von Anfang an engen Kontakt mit Gustav Theodor Fechner, einem Physiker. Dieser hatte bis 1874 selbst Vorlesungen an der Fakultät Leipzig gehalten. Seinen Plan eines psychologischen Instituts, der auch 1879 verwirklicht wurde, besprach er ebenfalls mit ihm.

Wundt und Kollegen benennen die Psychologie als neues Gebiet der Naturforschung. Unter Fortbestehen des naturwissenschaftlichen Ansatzes, wurden die Experimentalphysik und die experimentelle Physiologie. Damals war dies ein Gebiet der Zoologie sowie der angewandten Mathematik zusammengeführt. Durch die Nutzung dieses methodischen Leitfadens wurde die Erforschung psychologischer Besonderheiten ein neuer Bereich. Dieser neue Ansatz sorgte bei Wissenschaftlern jener Disziplinen für große Begeisterung und sie kamen aus diesem Grund nach Leipzig, um bei Wundt studieren zu können. Wundt allein hatte, in Spitzenzeiten, fast 40 wissenschaftliche Assistentenstellen. Ebenfalls entwickelten sich die psychologischen Fachgebiete der Psychophysik und der psychologischen Diagnostik in diesen frühen Jahren. Für die angewandte Mathematik und Statistik war dies allerdings nicht positiv.

Im weiteren Verlauf der Geschichte waren die psychologische Methodenlehre für Statistik sowie die Entwicklung der Praktiken in der Sozialforschung und vor allem der Befragung und Beobachtung sehr einflussreich und inspirierend. Parallel zur Methodenlehre, auf Basis der Arbeit von Franz Brentano, entwickelte sich auch die „Würzburger Schule“. Grundlage war die Denkpsychologie seiner Schüler und Oswald Külpes. Zugeordnet werden diese Studien der Gestaltpsychologie.

Im Jahre 1883 führte der Engländer Francis Galton die Statistik als Methode in das Gebiet der Psychologie mit ein. Damit begründete er die empirische Persönlichkeitsforschung. Zur Erforschung von Gedächtnisleistungen, die heute noch immer gültig sind, veröffentlichte Hermann Ebbinghaus 1885 sein Werk „Über das Gedächtnis“. William Stern, Charles Spearman und Alfred Binet entwickelten Entwürfe zur zahlenmäßigen Analyse von Intelligenzleistung. Dazu lieferte auch James McKeen Cattell grundlegende Beiträge.

VERSCHIEDENE RICHTUNGEN AB 1900

Ab dem 20. Jahrhundert zeichneten sich, basierend auf den verschiedenen philosophischen Mustern und den daraus abgeleiteten Menschenbildern, unterschiedliche Richtungen in der Psychologie ab.

Psychodynamische Sichtweise
Sigmund Freud veröffentlichte zusammen mit Josef Breuer im Jahre 1895 erste psychoanalytische Fallstudien.

Von Carl Gustav Jung, Alfred Adler und seinen Schülern wurde die psychodynamische Sichtweise der Psychologie entwickelt. So entstanden aus der Psychoanalyse die Analytische Psychologie und die Individualpsychologie. Karl Abraham wurde einer der am engsten verbundenen Schüler von Freud.

Dieser bildete ab 1908 viele Psychoanalytiker in Berlin aus. Ein weiterer enger Vertrauter war Sándor Ferenczi. Er entwickelte und etablierte die Psychoanalyse weiter. Einige Vertreter, der später weiter ausgebauten Tiefenpsychologie in der Neopsychoanalyse, waren Karen Horney, Harald Schultz-Hencke, Erich Fromm und Harry Stack Sullivan. Wissenschaftlich gesehen, zählt die Psychoanalyse zu keinem Teilgebiet der Psychologie. Man sieht sie eher als komplexes Thema zwischen der Medizin, Neurologie, Philosophie, Metaphysik und Psychiatrie. Sigmund Freund erhob stets den Anspruch, dass die Psychoanalyse eine Wissenschaft sei.

Wichtige Vertreter der Ich–Psychologie sind Erik Erikson, Heinz Hartmann, Anna Freud und Margaret Mahler. Die Objektbeziehungstheorie stellte, innerhalb der Psychoanalyse, eine weitere bedeutende Weiterentwicklung dar, die von Wilfred Bion, William R. D, Michael Balint, Donald Winnicoll und Melanie Klein Fairbairn entwickelt wurde. Von Heinz Kohut wurde die Selbstpsychologie begründet. Vor allem Peter Fonagy und Otto

Kernberg werden als moderne Vertreter genannt. Durch die modernen bildgebenden Verfahren scheinen sich zum Teil psychoanalytische Hypothesen zu bestätigen. Wie von Marin Dornes dargestellt wird, hat die entwicklungspsychologische Kleinkindforschung wie die von Daniel Stern, ebenfalls eine starke Wirkung auf die Psychoanalyse. Die Psychoanalyse gilt in der klinischen Psychologie als Leitfaden. Als gegenseitige Beeinflussung zwischen Psychologie und Psychoanalyse, kann die Bindungstheorie nach John Bowlby gesehen werden. Die interpersonelle Psychotherapie und Psychiatrie ist innerhalb des psychoanalytischen Leitbildes, wie von Harry Stack Sullivan, begründet.

Der Behaviorismus

John B. Watson veröffentlichte 1913 zu diesem Thema erste Arbeiten. Watson begründete, auf Forschungen von Edward Lee T. und Iwan Petrowitsch P. basierend, die Richtung des Behaviorismus. Ebenfalls wichtige Beiträge lieferte Burrhus Frederic Skinner zur Lernpsychologie und entdeckte im Jahre 1930 die Vorgehensweise der operanten Konditionierung. Zu diesem Thema gab es ebenfalls von Clark Leonhard Hull und Robert Woodworth wichtige Arbeiten.

Die Lehre des Verhaltens beinhaltet die beobachtbaren Verhaltensweisen. Aspekte wie die Motivation oder die Emotion werden nicht beachtet. Im behavioristischen Menschenbild ist der Mensch fast vollständig von Reizen aus der Umwelt gesteuert. Jede Art von Verhalten ist sowohl erlernbar als auch verlernbar. Es ergeben sich aus dieser Sichtweise gewisse Bedingungen und bestimmte Verhaltensweisen, die wiederum zu gewissen Konsequenzen führen. Würden nur Reize ein Verhalten vorgeben, würden sie automatische Reflexe in unserem Nervensystem auslösen, dies sind dann keine bewussten Vorgänge. Auf diese Reflexe folgt die tatsächliche Reaktion auf den Reiz, dies ist dann das zielgerichtete Verhalten.

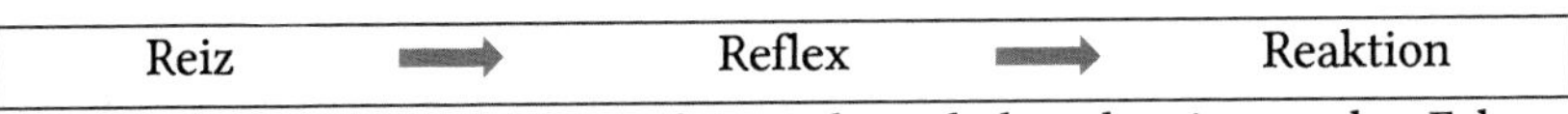

Man geht also bei dieser Perspektive, als verhaltensbestimmenden Faktor, nur von der Umwelt aus. Nur das Verhalten, das beobachtet werden kann, ist hier von Interesse. Wie es erlebt wird, ist nicht sichtbar und somit als nicht wissenschaftlich angesehen. Vor allem werden damit Tiere erforscht, durch diese Tierversuche fand man die klassische und später die operante Konditionierung heraus.

Klassische Konditionierung:
Hier wird mit einem sekundären Reiz der Reflex ausgelöst. Das heißt, dass die reflexiven Verhaltensweisen, die bei bestimmten Reizen automatisch aufkommen, darauf konditioniert werden, auch bei einem andersartigen, alleinigen Reiz ausgelöst zu werden. Zu einem zusätzlichen primären Reiz, der den Reflex auslöst, kann man so, gleichzeitig einen sekundären Reiz hinzufügen. Wird dies einige Male hintereinander in geringen Abständen wiederholt, so wird der Reflex irgendwann dann nur beim sekundären Reiz ausgelöst.

Beispiel von Pawlow: Pawlow erforschte das Verhalten von Hunden. Stellte er den Hunden Futter hin, löste dies eine Speichelabsonderung aus. Diese Speichelabsonderung ist ein automatischer Reflex. Er fing dann an, einen zusätzlichen Reiz zum Futter hinzuzufügen und ließ, kurz bevor er den Hunden das Futter hinstellte, eine Glocke klingeln. Nach einigen Wiederholungen reagierten die Hunde bereits auf den Ton der Glocke mit Speichelabsonderung und nicht erst wenn sie das Futter vor sich hatten. Die Hunde verknüpften den Ton der Glocke mit der Gabe des Futters, somit hat eine Konditionierung stattgefunden. Wird dann aber öfter die Glocke getätigt und es folgt kein Futter, lässt die Speichelabsonderung wieder nach. Die Hunde lernen, dass nach dem Ton der Glocke nichts passiert, also auch kein Futter kommt.

Operante Konditionierung: Hier wird nicht auf reflexive Verhaltensweisen trainiert. Es wird kein primärer oder sekundärer Reiz benötigt. Man benötigt bei der operanten Konditionierung nur einen Reiz, der ein bestimmtes Verhalten trainiert beziehungsweise konditioniert.

Beispiel Stromschläge: Man untersuchte das Verhalten von Mäusen im Zusammenhang mit Futter und Strom. Forscher steckten Mäuse in einen Käfig, der zwei Futterquellen hatte, beispielsweise eine rechts und eine links. Da die Mäuse natürlich von beiden Quellen das Futter wollten, betätigten sie beide Knöpfe, die dafür nötig waren. Allerdings bekamen sie beim Betätigen der linken Futterquelle jedes Mal einen elektrischen Schlag. Die Mäuse lernten sehr schnell nur noch den neutralen rechten Knopf zu betätigen, um an Futter zu gelangen. Hier fand eine operante Konditionierung statt. Die Mäuse lernten, durch den negativen Reiz, der die Konsequenz ihres Verhaltens war, dieses Verhalten (das Drücken des linken Knopfes) zu unterlassen.

Beim Menschen existieren diese Konditionierungen ebenfalls, wenn auch nur in sehr geringem Maß. Alle Konditionierungen laufen auf dem Gebiet der Verhaltensforschung in der Biologie.

Biologische Perspektive

Die biologische Perspektive betrachtet vor allem unsere genetische Veranlagung und andere biologische Einflussfaktoren auf unsere Psyche, zum Beispiel unser Nervensystem und alles, was damit zusammenhängt. Zum Teil nimmt sie damit die Idee des Behaviorismus auf, dass das Verhalten reine Reflexe und Reaktionen auf diese Reflexe sind.

Beispiel Pupillenreflex: Ein Mensch oder Tier, das vom Dunkeln ins Helle tritt, zieht automatisch die Augen zusammen. Es ist ein bioelektrischer Reflex, der über das Nervensystem abläuft. Diesen Reflex kennt man bereits aus dem Behaviorismus. Aus der Verhaltenskunde lässt sich ein Schema auf diesen Fall 1:1 anwenden. Der sogenannte Reflexbogen wird nämlich hier als Modell genommen. Dieser gilt in der Psychologie auch für die biologische sowie behavioristische Perspektive.

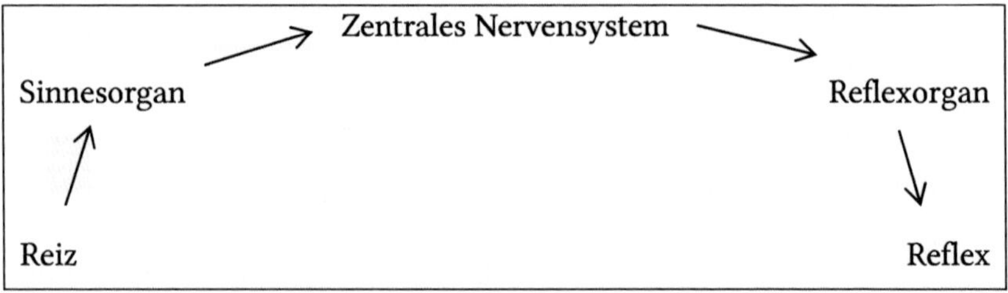

Hier erkennt man, wie ein gewisser Reiz, in diesem Beispiel das Licht, auf ein Sinnesorgan wirkt. Nicht das Gehirn, sondern das Nervensystem verarbeitet in Sekundenschnelle die Informationen und gibt den Anreiz, damit das ausführende Organ oder das Reflexorgan das Auge zusammenzieht. Ein anderes Beispiel für den Reflexbogen:

Beispiel Hitzereflex: Fasst ein Kind auf eine heiße Herdplatte, zieht es den Arm automatisch zurück. Dieser Reflex ist bioelektrisch. Es gibt aber auch die Möglichkeit, dass dieser Reflex nicht eintritt, wenn das Kind beispielsweise unter Schock steht. Allerdings werden die biochemischen Abfolgen im Gehirn nicht als pure Reflexe angesehen, sondern als physikalisch-chemische Prozesse des Denkens, die das Verhalten ebenfalls verändern können. Bei verinnerlichtem Handeln ist es auch möglich, durch Denkvorgänge, die Handlungen erst zu überdenken, bevor sie ausgeführt werden. Das verinnerlichte Handeln wurde auch bei Schimpansen gesehen, ist allerdings bei Menschen wesentlich ausgeprägter.

Evolutionäre Perspektive

Sie steht sehr nah der biologischen Perspektive, ist aber eine Betrachtungsweise und bedient sich auch der kognitiven Perspektive. Hier wird, in Bezug zu Darwins Evolutionslehre, Wert auf die Entwicklung gelegt. Laut dieser Perspektive haben sich die Menschen langsam aus primitiveren Lebewesen, wie zuletzt aus dem Affen, entwickelt. Verhaltensmuster sind aus dieser Sichtweise durch einen langsamen Evolutionsprozess entstanden. Man nahm dafür immer auf die jeweiligen Umgebungsbedingungen, denen sich der Mensch anpassen musste, Rücksicht. Durch diese Anpassungen entwickelten sich gewisse Verhaltensmuster, die wiederum an die Nachfahren weitergegeben wurden. Allerdings blieb die Frage offen, ob dies durch das Erbgut oder das Lernen geschah.

Beispiel Aggressionsverhalten: Es gibt in der evolutionären Perspektive die Annahme, dass aggressives Verhalten auf steinzeitliche Verhältnisse zurückzuführen ist. Es heißt, dass es wegen der damaligen Einteilungen in Clans zur Gegnerschaft zwischen den einzelnen Gruppen kam. Diese Rivalitäten gibt es zwar in der heutigen Lebensweise nicht mehr, die Aggression ist aber trotzdem erhalten geblieben.

Gestaltpsychologie

Dieser Bereich der Psychologie ist eine noch relativ junge Konstruktion. Hier nimmt man an, dass man eine Person, nur anhand aller Einzelteile, nicht erfassen kann. Es muss immer der Mensch als Ganzes gesehen werden, mit all seinen Verhaltensweisen und all seinen Teilen, samt Verknüpfungen. Menschen neigen jedoch dazu, nur die einzelnen Bestandteile als Gestalt zu sehen, allerdings nicht die gesamte Gestalt an sich.

Beispiel Bäume und Wald: Im Allgemeinen wird eine Gruppe von Bäumen nicht als Wald gesehen. Stehen sie aber dicht zusammen und haben eine große Anzahl, werden sie als Wald gesehen.

Beispiel Körper: Die vielen Einzelteile des menschlichen Körpers werden zwar zusammen gesehen, allerdings stellen sie nicht eine Person dar, sondern repräsentieren nur die einzelnen Teile. Die gesamte Person kann nur dann erfasst werden, wenn auch von der ganzen Person ausgegangen wird, welche die einzelnen Teile des Körpers zusammenhält und organisiert.

Die Gestaltpsychologie sagt, angewandt auf das Auftreten und Erleben, dass verschiedene Verhaltensweisen einer Person zwar beobachtet werden können, aber trotzdem nicht die Person als Gestalt erfasst wird. Den Menschen als Ganzes beurteilen, kann man erst dann, wenn die vielfältigen Zusammenhänge zwischen den verschiedenen Verhaltensweisen bekannt sind. Das Erleben gehört ebenfalls in diese komplexen Zusammenhänge.

Kognitive Perspektive

Sie fasst den Menschen als eigenständig denkendes und sich selbst hinterfragendes Wesen auf. Vor allem interessiert sie sich für die Wahrnehmung und die geistigen Prozesse. Durch individuelle Auffassung der jeweiligen Situationen, also das entsprechende Erleben, kommt Verhalten zustande. Jeder Mensch nimmt, aufgrund von gewissen Bedingungen wie Werten, Reize auf, vergleicht und reflektiert sie mit den bisher gesammelten Erfahrungen. Aus diesem Grund wird die Situation auf eine spezielle Weise erlebt. Wie man mit dem Erlebten und den Gedanken daran umgeht, bestimmt danach das Verhalten.

Systemische Perspektive

Hierunter laufen ganz viele unterschiedliche Theorien. Gemeinsam haben alle, dass sie vor allem die Wechselbeziehung des Menschen mit seiner Umwelt betrachten. Das Erleben und Verhalten wird, je nachdem in welcher Umgebung sich die Person gerade befindet, unterschiedlich beeinflusst. Eine jugendliche Frau hat bei ihrer Familie, im Verein oder in der Schule unterschiedliche Verhaltensweisen. Es gibt aber auch Gemeinsamkeiten im Verhalten, die sich in den Schnittpunkten befinden.

DIE ZWEITE HÄLFTE DES 20. JAHRHUNDERTS

Zuerst in den USA und später dann weltweit begann in den 1930er Jahren die Ausweitung von weiteren Bereichen der Psychologie und die Weiterentwicklung des Behaviorismus. In den 1960er und 1970er Jahren brachten Hans E. und Albert B. diesen Weg der Psychologie weiter voran. Neben einigen weiteren Einwirkungen und dieser Grundlage, besonders aus den

Forschungsergebnissen unterschiedlicher Teilbereiche der Allgemeinen Psychologie, wurde die Verhaltenstherapie innerhalb der Klinischen Psychologie weiterentwickelt.

Die Humanistische Psychologie

In den 1950er Jahren bekam als vierte Richtung der Psychologie durch James Bugental, Carl Rogers und Abraham Maslow die entstehende Humanistische Psychologie neue Impulse. Als nennenswerte deutschsprachige Anhänger der Humanistischen Psychologie gelten in Deutschland Reinhard und Anne-Marie Tausch, die zahlreiche Anhänger in den 1970er Jahren gewannen.

Das Individuum ist danach bestrebt, sich frei auszubreiten und seine Entwicklungsmöglichkeiten voll auszukosten, so heißt es nach dem humanistischen Menschenbild. Menschen werden als aktiv gestaltende Geschöpfe angesehen. Der Mensch ist sich seinem Verhalten klarsichtig und kann es steuern und beeinflussen. Dieser Richtung ist auch die Mitwirkung von Victor Frankls und Charlotte Bühlers zuzuordnen. Im Psychotherapeutischen Institut Bergerhausen konstruierte Hans-Werner Gessmann 1980 das humanistische Psychodrama.

Darunter versteht man die entwicklungsorientierte Psychotherapie, die sich von der psychoanalytischen Katharsistheorie wegbewegt. Wesentliche Punkte im therapeutischen Prozess sind die Selbstverwirklichung und Selbsterfahrung. Für eine Abwandlung oder Neuorientierung im Verhalten und Erleben, sind subjektive Gedanken, Gefühle, Erlebnisse und eigene Erfahrungen der Ausgangspunkt für Selbstannahme und Ausgeglichenheit.

Die Psychologie heute

Die persönlichen Konstrukte als Gegensatz zum Behaviorismus und der Psychoanalyse anzunehmen, wurde in den 1950er Jahren von George A. Kelly konstruiert. Den Behaviorismus als führende Denkweise löste der Informationsverarbeitungsansatz in den 1970er Jahren ab und es lief die kognitive Biegung der Psychologie an. Jedoch lag das nicht an der theoretischen

Unbrauchbarkeit des Behaviorismus, sondern einer Änderung der Aufmerksamkeit der Scientific Community. In den Vordergrund traten dabei Themen wie Denken, Kognition, Emotionen und Aufmerksamkeit. Der Behaviorismus wurde oft als Blackbox-Psychologie bezeichnet, da er die Arbeitsweise des Gehirns gezielt unberücksichtigt lies. Dennoch wurden auch Prozesse im Gehirn, die wir bewusst steuern können, für die Forschung interessanter. In den 1980er Jahren trat der Konnektionismus, dessen bedeutende Angelegenheit Netzwerke sind, ins Bild.

Auf Basis der Netzwerktheorie und auch formaler Modellierungsmöglichkeiten, erwiesen sich die Modelle für die kognitiven Anfänge als sehr hilfreich. Weiterhin kamen Einflüsse aus der Kybernetik, der Systemtheorie und dem Konstruktivismus hinzu. Als bedeutsame Gründer neuer Ansätze galten hier Noam Chomsky, Jean Piaget und Ulric Neisser. Neben der Kognitionspsychologie und auch der Biopsychologie mit ihren unteren Bereichen, konnten sie wieder stärker ausgebildet werden. Diese beiden haben einen großen Auszug der geistigen Neurowissenschaften dargestellt.

Eine sehr große Rolle spielen gleichzeitig aber auch verhaltensorientierte Ansätze. So können innerhalb der Bereiche der Psychologie die verschiedenen Ansätze gleichrangig nebeneinander bestehen und dehnbar auf eine Fragestellung genutzt werden. Somit wird gegen keine Konvention verstoßen, was wiederum das Fach Psychologie äußert komplex macht.

Teildisziplinen der Psychologie

Wie jede Wissenschaft spaltet sich die Psychologie in Teilgebiete auf. Durch ihre eigene Historik und Betrachtungsweisen bezüglich menschlichen Auftretens und Erlebens und durch Forschungstraditionen sind diese verschieden. Allerdings gleicht sie sich bei der Anerkennung und Betonung einer gemeinschaftlich empirischen und objektiven Forschungsmethodik, mit deren Einsatz verlässliche Einblicke gesammelt werden können. Die Menge der Begrifflichkeiten, Namen und Perspektiven erschweren den Einstieg in die Psychologie und führen bei Außenstehenden häufig zu Missverständnissen.

ALLGEMEINE PSYCHOLOGIE

Eine Teildisziplin der Psychologie ist die Allgemeine Psychologie. Sie wendet sich, im Gegensatz zu anderen Sparten, den psychischen Funktionen zu, die allen Menschen gemein sind. Einen bedeutenden Bereich bildet die Kognitionspsychologie.

Einige Bereiche, die durch die Allgemeine Psychologie abgedeckt werden:

- Denken/Denkpsychologie
- Sprachpsychologie
- Gedächtnis und Wissensrepräsentation
- Lernpsychologie und Konditionierung
- Volition (bewusste und willentliche Umsetzung von Zielen und Motiven)
- Motivationspsychologie
- Emotionspsychologie
- Wahrnehmungspsychologie
- Erkenntnis und Achtsamkeit

In der allgemeinen Psychologie beschäftigt man sich mit Fragen wie:

- Welche allgemeinen und grundlegenden Aussagen lassen sich in Bezug auf das menschliche Erleben und Verhalten machen?
- Welcher Rhythmus und welche Verbindung lassen sich im Verhalten und Erleben der Menschen finden?

Einige Zeit wurden in der deutschsprachigen Psychologie die Wahrnehmung, das Denken und das Gedächtnis („Allgemeine Psychologie I") sowie das Lernen, die Emotion und Motivation („Allgemeine Psychologie II") differenziert. In manchen Fällen erfolgt auch eine entgegengesetzte Zuordnung. Sachlich gesehen ist diese Abgrenzung nicht einfach, etwa wegen der engen Beziehung von Lernen und Erinnerung oder von Lernen und Denken.

Die Allgemeine Psychologie basiert auf empirischen Beobachtungen. Vorzugsweise werden diese in begutachteten Untersuchungen vorgenommen. Aus diesem Grund werden sie im englischen Sprachraum auch als *Experimental Psychology* benannt.

DIFFERENTIELLE PSYCHOLOGIE

Sie beschäftigt sich mit den individuellen psychologischen Unterschieden im Erleben und Verhalten und bildet daraus den Entwurf der Persönlichkeit. Sie versucht mit den Ergebnissen, die Gesetze der allgemeinen Psychologie zu fächern. Themen dieser Teildisziplin sind: Kreativi–tät, Intelligenz, Persönlichkeitszüge, Aggressivität, Ängstlichkeit, Belohnungsaufschub, Kontrollüberzeugungen. Die Grundlagen für die nachfolgenden Ermittlungen setzen sich aus Tests, Messungen und genauen Beschreibungen zusammen. Damit sollen die Unterschiede in der Entwicklung aus dem genetischen Aufbau und den sozialen Einflüssen erklärt werden, wie diese Besonderheiten untereinander zusammenhängen und wie sie sich ordnen lassen. Ebenfalls beschäftigt sie sich mit der Frage, wie diese Merkmale, unter gewissen

Lebensbedingungen und durch Erziehung, Medikamente oder Psychotherapie, beeinflusst werden. Im Studium der Psychologie bilden die Differentielle Psychologie zusammen mit der Persönlichkeitspsychologie das Feld **„Differentielle - und Persönlichkeitspsychologie"**.

Definition

Vor allem die Gegensätze hinsichtlich Sinnesleistung, Intelligenzfunktionen und Reaktionstempo waren am Anfang interessant. Unter anderem gehörten dazu auch die Fähigkeiten in begrenzt bleibenden Persönlichkeitseigenschaften. Da sich viele Merkmale als nicht konstant erwiesen, wurde der Ansatz erweitert.

Eigenschaften der Persönlichkeit können sich mit der Zeit verändern. Auch kurze Zustandsänderungen wie in der Leistungsfähigkeit oder dem Befinden sind unübersehbar. In dieser Sichtweise gibt es ausgeprägte Unterschiede zwischen den Personen. Somit beschäftigt sich die Differentielle Psychologie unter anderem mit:

- Den Unterschieden binnen einer Person (intra-individuell)
- Den Unterschieden zwischen einzelnen Personen (inter-individuell)
- Den Unterschieden hinsichtlich ihrer Veränderlichkeit zwischen Personen

Sie beschäftigt sich also mit sämtlichen psychologischen Anzeichen des menschlichen Erlebens und Auftretens. Je nach Fragestellung bezieht sie auch die zugrunde liegenden neurophysiologischen und physiologischen Unterschiede mit ein, ebenso wie Informationen über sozialpsychologische, ökologische und sozioökonomische Aspekte.
Durch ihre genauen Beschreibungen und die systematischen Richtlinien, liefert die Differenzielle Psychologie wissenschaftliche Grundlagen vieler Bereiche in der Psychologe, vor allem auch bei den psychologischen Befunden und in der Angewandten Psychologie.

Historie

Zahlreiche Funktionen bei Menschen, vor allem psychophysiologische Besonderheiten der Reaktionszeiten und Sinnesleistungen, untersuchten Sir Francis Galton und James McKeen Cattell. James McKeen Cattell führte im Buch „*Mental tests and measurements*“ den Ausdruck „Test“ in die Psychologie ein. Um 1891 entwickelte Hugo Münsterberg Aufgaben zu verbalen Assoziationen, Gedächtnis, Rechnen und Lesen. Der Gedanke, Aufträge zur Satzergänzung bei sinnhaften Texten in die Kontrolle aufzunehmen, stammte von Hermann Ebbinghaus.

Zusammen mit Théodore Simon schuf Alfred Binet, ein französischer Psychologe, eine Aufgabenserie. Diese beinhaltete, die geistige Energie von Schulkindern zu ermitteln. Dies war der erste Intelligenztest. Das Programm und die Vorgehensweise der Differentiellen Psychologie wurde zuerst von William S. konzipiert. Durch einen *Universellen Index* von *Persönlichkeitsfaktoren* und dem statistischen Verfahren der Faktorenanalyse hat Raymond B. Cattell die Methodenlehre durch seine umfassenden Arbeiten weiter ausgebaut.

Das erste gezielte Programm dieser Forschungseinrichtung erhielt William Sterns D*ifferenzielle Psychologie* im Jahre 1911. „Alles, was im Individuum als empirisch analysierbar vorhanden ist“ sind nach Stern Merkmale. Begründet hat er die Differentielle Psychologie, indem er diese Ansicht von der Allgemeinen Psychologie abgrenzte. Was für die Allgemeine Psychologie nebensächliche Anpassungsfähigkeit ist oder als Messfehler gilt, wurde zum Thema der Differenziellen Psychologie. Stern nennt außerdem die „Spezielle Psychologie“, die sich mit der Betrachtung ausgewählter Teilpopulationen, unter anderem von Frauen, Männern und Berufsgruppen, befasst. Allgemeingültige Gesetzmäßigkeiten beider Forschungsrichtungen suchen danach und setzen voraus, dass jedes Individuum in seiner Unterschiedlichkeit dennoch, aufgrund „allgemeiner Anzeichen“, vergleichbar ist.

Unweit der differentiellen Psychologie im engeren Sinn, definiert Stern noch eine weitere Fragestellung. Dabei folgt er den wissenschaftsmethodischen Abweichungen zwischen dem Verfahren der nomothetischen und der idiographischen Forschung. Das bedeutet die Suche nach allgemeinen Normen beziehungsweise das Verstehen der individuellen Besonderheit.

Verfahren

Die Intelligenzforschung ist eine der psychologischen Gebiete, der wir die meisten Messverfahren verdanken. In diesem Bereich wurde ein Großteil der psychologischen Verfahren entwickelt. Die derzeitigen psychologischen Testmethoden und der Denkansatz der psychologischen Tests sind hier entstanden. Durch die grundsätzlichen Unterschiede zwischen den oft subjektiven Abschätzungen, gestützten Methoden und der für die Physik typischen, objektiven Messungen sind die Alternativen und Begrenzungen dieser Methoden noch immer umstritten.

Dass die Differentielle Psychologie sich nicht mit dem testmethodischen Ausdruck zufriedengibt, sondern hinterfragt, wie diese betrachteten Abweichungen zustande kommen, wird in der Intelligenzforschung deutlich. Wie viel ist durch Erziehung oder erbliche Anlagen erklärbar? Welche Bedingungen fördern oder hemmen die Intelligenzleistung? Auch beschäftigt sie sich mit der Frage, wie die einzelnen Eigenschaften zusammenhängen. Häufig wird dafür die statistische Verfahrensweise der Korrelation (eine Beziehung zwischen zwei oder mehreren Merkmalen, Funktionen oder Zuständen) angewandt. Es kann zwar nicht gesagt werden, was eine Beziehung zwischen zwei Merkmalen bewirkt oder welche Unbestimmte die andere steuert, allerdings kann anhand des Korrelationskoeffizienten ausgedrückt werden, wie eng zwei Eigenschaften zusammenhängen. Ebenfalls stellt sich noch die Frage, wie die Intelligenzleistung in Verbindung mit Kreativität oder bestimmten Persönlichkeitseigenschaften steht.

Unterschieden hat William Stern vier hauptsächliche Zugänge:

- *Variationsforschung*: Sie richtet sich nach den Vergleichen einer

Besonderheit an vielen Individuen.

- *Korrelationsforschung:* Hier werden zwei oder mehr Merkmale an Individuen erforscht.
- *Psychographie:* Sie betrachtet im Verhältnis auf viele Merkmale ein Individuum.
- *Komparationsforschung*: In Bezug auf viele Merkmale werden mehrere Individuen verglichen.

Seither wurden diese Strategien methodisch weiterentwickelt und durch anwendbare statistische Verfahrensweisen erweitert. Den wichtigen Schritt, den Begriff der psychologischen Merkmale zu differenzieren, unternahm vor allem Raymond B. Cattell. Er unterschied allerlei Gegebenheiten und Zeitpunkte, indem er Beobachtungs- oder Messgelegenheiten in Raum und Zeit sowie entsprechende Korrelationstechniken definierte. Die Methoden und Konzepte der differentiellen Prozesse umfassen über die Testmethodik auch allgemeine Untersuchungsstra–tegien. Es sind viele darunter, die als methodisch anspruchsvolle Verfahren der Forschungsstatistik erarbeitet wurden.

Merkmale

Dieses Programm der unterschiedenen Psychologie schließt alle psychologischen Besonderheiten ein. Wieso bisher kein überzeugendes System und keine Taxonomie der psychologischen Zeichen existiert, ist unter anderem wohl den verschiedenen Untersuchungsmethoden und der Vielfalt geschuldet. Von der Persönlichkeit, aus der sich passende Ordnungsprinzipien ableiten lassen, fehlt ebenfalls noch eine einheitliche Annahme. Aus diesem Grund sind nur oberflächliche Einteilungen möglich. Diese werden teilweise von den Untersuchungsmethoden wie auch von den Funktionsbereichen bestimmt.

- Intelligenzfunktionen, Einfallsreichtum, mentale Leistungen, Sprache, spezielle Begabungen
- Sensorische und motorische Anlagen, Handlungsweisen
- Hilfsbereitschaft, Sozialverhalten, Kommunikationsstil
- Verhaltensgewohnheiten, Lernfähigkeit
- Grundbedürfnisse, Lebensfreude, Pläne und Bestreben, Motive, Konflikte
- Aggressivität, Emotionalität, Temperamentseigenschaften
- Bewusstseinsänderungen, Erlebnisweisen
- Soziale und politische Einstellungen, Wertorientierungen, Interessen, weltanschauliche Überzeugungen
- Einschätzung des eigenen Wesens, des Aussehens und der Talente unter verschiedenen Gesichtspunkten
- Wachheit, Körperwahrnehmungen, Stimmung
- Neuropsychologische und psychophysiologische Variablen

Differenzen müssen nach gewissen Gesichtspunkten beschrieben werden, wie zum Beispiel Altersunterschied, Geschlecht, soziokulturelle Unterschiede oder zeitliche Unterschiede der Variabilität. Ebenso aber auch messend als bedingte Diversität bestimmter Merkmalsbereiche und Merkmale.

ENTWICKLUNGSPSYCHOLOGIE

Sie untersucht, auf welche Art biologische und naturelle Faktoren die Fortentwicklung des menschlichen Erlebens und Verhaltens über die Lebensjahre hinweg formen. Dafür betrachtet sie die Bereiche der Allgemeinen und Differentiellen Psychologie und verfolgt diese über die Lebensspanne.

Für den ersten Schritt in dieser Disziplin sorgte das Auftauchen des Buches „Die Seele des Kindes“ von Preyer im Jahre 1882. Geschult mit Techniken einer beschreibenden Psychologie, hat er auf diesem Gebiet, mit naturwissenschaftlicher Genauigkeit, eine Sammlung von einzelnen Beobachtungen erstellt.

Zur Registrierung der kindlichen Entwicklungsphänomene bedienten sich Darwin und später auch Preyer, Stern, Piaget, Shinn und Scupin der Tagebuchmethode. Zu Anfang wurde das Ordnen und Sammeln durch die Evolutionstheorie geleitet, später waren es Funktionsbereiche wie Sprache, Lernen und Kognition, die das Erfassen von Erlebens - und Verhaltensäußerungen führten. Die leitende Vorstellung der biologischen Natur war bis zur Jahrhundertwende die Behauptung von G. S. Hall.

Demnach stellte die Kindheits- und frühe Jugendentwicklung eine Rekapitulation der Menschheitsgeschichte dar. Eine Analogie zum *biogenetischen Grundgesetz von Haeckel*, nach dem die Keimesentwicklung an die Phylogenese erinnerte.

Definition

Eine Definition von Entwicklung, die alte und neue Konzepte in einem Rahmen zusammenfasst, heißt laut Schmidt: *Wir bezeichnen diese psychophysischen Veränderungen als Entwicklung. Deren Glieder in einer ursprünglichen zentralen Verbindung stehen und sich in einem Zeit-Bezugssystem zuordnen lassen. Mit Hilfe von Wertkriterien können sich diese Passagen von einem Ausgangszustand in einen Endzustand beschreiben lassen.*

Thomae erklärt die Fortentwicklung als:

Eine Abfolge von zusammenhängenden Veränderungen, die speziellen Orten des zeitgebundenen Kontinuums eines Lebenslaufs zugeordnet werden können.

Trautner nannte das Alter eine „Trägervariable“, während Montada es „Stellvertreter oder Indikator“ nennt, um rein deskriptive Funktionen eines wissenschaftlichen Alterskonzeptes im Gegensatz zu einem exploratorischen Entwicklungskonzept hervorzuheben. Allgemein gesehen, kann man die Heranbildung als „Veränderung über die Zeit“ bezeichnen. Von Heranbildung ist die Rede, wenn sich das Verhalten und Erleben einer Einzelperson verändert, diese Abwandlung über einen längeren Abschnitt stattfindet und diese Abwandlung über einen längeren Zeitraum stabil bleibt.

Geschichte

Seit wann sich Menschen mit diesem Thema beschäftigen, ist nicht genau geklärt. Bekannt ist jedoch, dass sich bereits die Philosophen der Antike Gedanken darüber gemacht haben, in welchen Abschnitten das Leben verläuft. Für Sokrates, Aristoteles und Platon war das Verhältnis von Gemeinschaft und Erziehung besonders wichtig.

Sie philosophierten über den Willen und wie der Mensch in einer Gemeinschaft lebt und den menschlichen Geist. Bezogen auf die Menschheitsgeschichte gibt es die Kindheit, wie sie heute in westlichen Industrieländern verstanden wird, erst seit kurzem. Ein wesentlicher Unterschied wurde im Mittelalter zwischen Sprösslingen und Erwachsenen nicht gemacht. Kinder wurden wie Erwachsene behandelt, sogar auf Bildern wie Erwachsene dargestellt und auch in der Rechtsprechung wie Erwachsene behandelt, es befasste sich niemand mit den Eigenarten ihrer Entwicklung. Sich ausführlich mit der Entwicklung des Menschen zu beschäftigen, begann erst im 17. und 18. Jahrhundert durch Gelehrte und Wissenschaftler. So stellte beispielsweise der englische Philosoph John Locke fest, dass die Entwicklung abhängig von gemachten Erfahrungen ist. Kinder waren für ihn ein unbeschriebenes Blatt. Damit fand Entwicklung durch Formung statt und es galt, die Kinder aufzubauen.

Ausführlich beschäftigte sich der Philosoph Jean-Jacques Rousseau mit der menschlichen Fortentwicklung. Er schrieb den bekannten Roman „Emile oder Über die Erziehung“ im Jahr 1762. Im Gegensatz zu Locke, ging er davon aus, dass die menschliche Fortentwicklung von Natur aus abgesteckt ist und somit allseitig verläuft und in fünf Schritten stattfindet. So sollten also die Erziehungsberechtigten und die Gesellschaft den Kindern möglichst viele Freiheiten geben.

Vom Philosophen Dietrich Tiedemann wurden erste folgerichtige Beobachtungen an Kindern durchgeführt. In Form eines Tagebuchs hielt er seine Beobachtungen von seinem Sohn fest. Im Jahr 1787 veröffentlichte er dann ein Buch mit der Überschrift „Beobachtungen der Seelenfähigkeit bei

Kindern". Erst ab Mitte des 19. Jahrhunderts fand eine greifbare empirische und damit wissenschaftliche Erkundung statt.

In Leipzig veröffentlichte somit der Physiologe William Thierry Preyer im Jahr 1882 das Buch „Die Seele des Kindes:

Beobachtungen über die geistige Entwicklung des Menschen in den ersten Lebensjahren". Erstmalig wurden hier Bestimmungen für eine verwertbare Bestandsaufnahme von Verhalten dargelegt. Der Mediziner namens Preyer betrachtete gezielt seinen Sohn morgens, mittags und abends von seiner Geburt an bis zu seinem dritten Lebensjahr. Deshalb sehen viele Forscher Preyers Werk als Beginn der wissenschaftlichen Entwicklungspsychologie.

Wilhelm Wundt gründete zur selben Zeit im Jahr 1879 sein Labor für experimentelle Psychologie. Damit legte er die Grundlage für die moderne Psychologie. Das Ehepaar Clara und William Stern dokumentierte die Entwicklung ihrer drei Kinder über einen Zeitraum von 18 Jahren minutiös.

Sind Strafen notwendig? Was bringt die Fortentwicklung voran? Wie können die Entwicklung und die Erziehung verflochten werden? Fragen wie diese wurden jetzt wichtig. William Stern betrachtete damals schon Natur und Kultur als zwei Seiten der Medaille, die beide gemeinsam auf die Entwicklung einwirken.

Die Handhabung der Dokumentation diente, zum einen in der Philosophie zur Aufklärung und zum anderen, der von Charles Darwin begründeten Evolutionstheorie. Da sich Darwin ebenfalls für die kindliche Heranbildung interessierte, veröffentlichte er 1877 den Aufsatz „A Biographical Sketch of an Infant", der Betrachtungen wiedergibt, die er an seinem Sohn gemacht hat. Nun entwickelte sich die Psychologie zu einer eigenständigen Disziplin. Im Jahr 1883 wurden dann die ersten psychologischen Labore in den USA eröffnet. William James schrieb 1890 das Buch „The Principles of Psychology", das war vermutlich eines der wichtigsten Bücher zum Thema Psychologie. So entstanden weitere wichtige Theorien zur Entwicklung, wie zum Beispiel die behavioristische Lerntheorie von John Watson oder die psychoanalytische Theorie von Sigmund Freud.

Die Entwicklungspsychologie wurde dann um 1900 immer populärer. Bis zum Jahr 1915 wurden 26 Universitätsinstitute und 21 Zeitschriften zu dem Thema *Entwicklungspsychologie* gegründet. Die Folge davon war, dass immer mehr unterschiedliche Theorien entstanden, die teilweise heute noch Auswirkungen auf die aktuelle Forschung haben. Ebenfalls begannen um das Jahr 1920 in den USA große Längsschnittstudien zu entwicklungspsychologischen Themen. Für das weitere Wachstum der Entwicklungspsychologie als wissenschaftliches Fachgebiet war die Entwicklung einheitlicher Testmethoden ausschlaggebend. Vor allem die Entwicklung von Intelligenztests durch die Franzosen Alfred Binet und Théodore Simon.

Die Zahl der Forschungsvorhaben wuchs schließlich seit den 1970er Jahren stark an. Es setzte sich die Auffassung durch, Entwicklung als einen Prozess zu sehen, der lebenslang voranschreitet. Forschung findet seither immer mehr fachübergreifend statt und anstatt nur einer umfassenden Theorie traten viele kleinere Denkansätze auf, die Prozesse bereichsspezifisch erklären. Sie machten aber das Feld auch zunehmend unübersichtlich.

Unterschiedliche Perspektiven: Unter der Entwicklungspsychologie gibt es auf die zu erforschenden Phänomene verschiedene Sichtweisen. Besonders mit der Weiterentwicklung der experimentellen Entwicklungspsychologie wurden zwei Ansichten besonders interessant.

Zum einen der sogenannte Strukturalismus, der von Wilhelm Wundt erforscht wurde. Er erforschte in wissenschaftlichen Experimenten die Gliederung des menschlichen Verhaltens und Denkens, dabei wird nach dem „Ist–Zustand" des Verhaltens und der Struktur dieses Verhaltens gefragt.

Zum anderen befasste sich der Funktionalismus mit der Erforschung der Funktion eines bestimmten Verhaltens, also wozu ein gewisses Verhalten nützlich ist.

Noch bis Mitte des 20. Jahrhunderts wurde eine weitere wichtige Unterscheidung diskutiert, die zwischen Anlage und Reifung und der Umwelt und dem Lernen. Es wurde, der endogenistischen Perspektive folgend, davon ausgegangen, dass die Entwicklung durch Erbinformationen geprägt ist, während die exogenistische Betrachtungsweise dem entgegen der Meinung war, dass Lernprozesse bei der Entwicklung vorrangig sind. Um die verschiedenen Erklärungsansätze für die Heranbildung zu liefern, entwickelten sich schließlich unterschiedliche Schulen. Zum einen Teil finden sie heute noch Anwendung in der gegenwärtigen Forschung, zum anderen haben sie eher eine historische Persönlichkeit.

Schule	**Kernaussage**	**Beispiel: Lisa (3 Jahre alt) tritt nach ihrem kleinen Bruder (6 Monate alt)**
Psychodynamische Betrachtungsweise	Das Verhalten und die mentalen Vorgänge werden durch innere Stärke bestimmt.	Lisa ist, weil sie aktuell keine Freude erleben kann, frustriert. Eigentlich möchte sie nach den Eltern treten, da sie sich mehr um ihren Bruder kümmern.
Kulturvergleichende Betrachtungsweise	Das Verhalten und die mentalen Vorgänge, die das Lebewesen umgeben, können von der Kultur abhängig sein.	Welche anthropogenen Bedingungen begünstigen aggressives Verhalten? Besteht Aggression in jeder Kultur?
Evolutionäre Betrachtungsweise	Mentale Prozesse und Verhalten haben sich mit der Evolution entwickelt.	Aus evolutionärer Sicht ist Aggression ein sinnvolles Verhalten.
Humanistische Betrachtungsweise	Der Mensch ist fundamental frei, gut und bereit, sich selbst weiterzuentwickeln.	Welche sozialen Voraussetzungen führen zu diesem aggressiven Verhalten von Lisa?

Kognitive Betrachtungsweise	Auf der einseitigen Realität des Individuums basiert das Verhalten und ist Resultat eines Denkprozesses.	Es werden die Wahrnehmung, die Äußerungen und die Absichten von Lisa untersucht.
Biologische Betrachtungsweise	Das Verhalten und die mentalen Vorgänge basieren auf biochemischen Funktionsweisen des Nervensystems.	Welche Gehirnareale sind bei einem aggressiven Verhalten von Lisa aktiv?
Behavioristische Betrachtungsweise	Das Verhalten und die mentalen Vorgänge sind eine Reaktion auf die Umwelt.	Sie hat gelernt, wenn sie nach ihrem Bruder tritt, bekommt sie von den Eltern Aufmerksamkeit.

Themen der Entwicklungspsychologie

Die Bestimmung der Entwicklungspsychologie ist es also, die menschliche Entwicklung zu untersuchen, aber auch, diese zu erklären, vorherzusagen, zu beschreiben und zu beeinflussen beziehungsweise zu kontrollieren. Früher war das Ziel, möglichst genau abzustimmen, zu welcher Zeit, mit welcher Entwicklung zu rechnen ist.

Mit umfassenden Theorien versuchten Forscher zu beschreiben, wie sich im Verlauf der Entwicklung die zentralen Faktoren verändern. Mittlerweile wird im Normalfall sehr genau, in stark voneinander unterscheidbaren Entwicklungsbereichen geforscht.

Dazu gehören zum Beispiel die Sprachentwicklung, die Entfaltung der Beweglichkeit, des Denkens und des Selbstkonzepts. Wichtig ist allerdings, nicht nur die Einzelteile zu betrachten, sondern den Zusammenhang zu verstehen. Deshalb ist es eine enorme Aufgabe, bei der Beschreibung des Verhaltens, die richtige Analyseebene zu finden.

Erklären: Unter welchen Voraussetzungen sich das Verhalten und die Entwicklungsprozesse in welcher Weise verändern, dies versucht die Entwicklungspsychologie zu erklären. In der Regel geht es hier nicht um die direkte Beziehung zwischen Ursache und Wirkung, sondern um die Steigerungen der Auftretenswahrscheinlichkeit, also wenn „dies" passiert, dann ist es voraussichtlicher, dass „jenes" geschieht. Es wird also nach regelhaften Mustern gesucht, die erklären sollen wie Verhalten funktioniert. In diesem Zusammenhang werden verschiedene Blickwinkel und Perspektiven miteinander kombiniert. Zum Beispiel: Wie wirken sich die verschiedenen Prozesse aufeinander aus? Unterteilt werden können diese in innerhalb des Individuums liegende Faktoren, wie die genetische Ausstattung, und in die abseits der Einzelpersönlichkeit liegenden Faktoren, wie das Auftreten einer pädagogischen Kraft in Verbindung auf ein Kind. Manchmal treffen eine Menge Aspekte zusammen oder man kennt die genaue Ursache nicht, dann wird dies als Multikausalität bezeichnet.

Vorhersagen: In der Regel beziehen sich auch die Vorhersagen auf die Auftretenswahrscheinlichkeiten, da in vielen Fällen nicht alle Wechselwirkungen und Entwicklungsbedingungen bekannt sind. Es besteht die Möglichkeit, ein bestimmtes Verhalten dann vorhersehen zu können, wenn für ein gewisses Verhalten eine schlüssige Erklärung gefunden wurde. Ist ein Kleinkind beispielsweise sehr zurückhaltend, wenn es mit anderen Kindern beisammen ist, die es noch nicht kennt, wird es vermutlich auch beim Eintritt in den Kindergarten und in der neuen Umgebung, in den ersten Tagen, schüchtern sein.

Beeinflussen und kontrollieren: Um zu verstehen, wie die Entwicklung eines Individuums funktioniert, liefern die Erkenntnisse der Entwicklungspsychologie wichtiges Fachwissen. Eventuelle Fehlentwicklungen können mit Hilfe dieses Wissens bemerkt und beeinflusst werden. Ebenfalls können schädliche Einflüsse von vornherein durch eine gezielte Prävention reduziert werden. Die Entwicklungspsychologie ist eng mit der pädagogischen

Psychologie und der Pädagogik verwandt. Die Erkenntnisse in der Entwicklungspsychologie haben daran Anteil, dass Kinder in der heutigen Zeit anders erzogen werden als noch vor vielen Jahren.

Entwicklung der gesamten Lebensspanne: Es wird davon ausgegangen, dass Entwicklung ein lebenslanger Prozess ist, der nicht mit der Pubertät endet. Sie beruht auf wechselnden Einwirkungen von biologischen, individuellen und kulturellen Faktoren. Das Forschungsfeld wird aber auch von der Epigenetik zunehmend beeinflusst. Sie ist eine Spezialdisziplin der Biologie und beschäftigt sich damit, wie Umwelteinflüsse die Genetik abändern und so erblich weitergegeben werden können. Die Epigenetik zeigt, dass die Entwicklung aus einem komplexen Wechselspiel zwischen der Umwelt und den Anlagen gesehen werden soll.

Die Entwicklung kann also sehr unterschiedlich verlaufen. Wissenschaftler nennen dies dann Plastizität, also die Formbarkeit und die Multidirektionalität der Entwicklung. So kann der Entwicklungsverlauf eines Individuums nie festgelegt, sondern immer nur vermutet werden. Sogar bis ins hohe Alter kann die Formbarkeit der Entwicklung erhalten bleiben.

Somit hat sich in der Lehre eine nebenstehende Anordnung in Altersabschnitte bewährt, um die Prozesse über die vollständige Lebenszeit beschreiben zu können. Diese Einteilung wird auch im Lehrwerk genutzt. Die letzten drei Altersabschnitte werden allerdings zusammengefasst.

Empfängnis bis Geburt	–	Pränatale Phase
0 – 2 Jahre (und 12 Monate)	–	Säugling, früheste Kindheit
3 – 5 Jahre (und 12 Monate)	–	Frühe Kindheit
6 – 11 Jahre (und 12 Monate)	–	Mittlere Kindheit
12 – 17 Jahre (und 12 Monate)	–	Adoleszenz
18 – 35 Jahre	–	Frühes Erwachsenenalter
36 – 50 Jahre	–	Mittleres Erwachsenenalter

51 – 65 Jahre	–	Spätes Erwachsenenalter
Ab 65 Jahre	–	Hohes Erwachsenenalter

Methoden und Forschungspläne

Betrachtungsmethoden: Besonders für die Ergründung von Entwicklungsphänomenen im Kleinkindalter zählt Bühler Beobachtungsmethoden auf:

- **Leistungsexperimente:** Mit diesen soll bestimmt werden, ob eine bestimmte Aufgabe gelöst werden kann und wo die Begrenzung der entsprechenden Leistungsfähigkeit liegt.

- **Auslösungsexperimente:** Diese dienen beispielsweise dazu, um das Öffnen vom Mund und das aktive Ausstoßen bitterer und saurer Flüssigkeiten wahrzunehmen.

- **Ausdrucksexperimente:** Sie sind eng mit der Wahrnehmung verbunden. Sie sind dafür da, durch die Definition der Mimik und anderer begleitender Erscheinungen seelische Zustände festzuhalten.

- **Selbstbeobachtungen:** Mit Ausdauer und prüfender Vorsicht kann man diese ebenfalls bei Vorschulkindern verwenden.

- **Interpretationen:** Bühler nennt diese Methode ausdrücklich die „psychologische Interpretation". Bezogen auf kindliche Ausdrucksinhalte, auf Fabeln und Zeichnungen nutzt sie die Erklärung und Ausdeutung objektiver geistiger Gebilde. Im Grunde genommen kommen alle Verfahren, die in der Psychologie bekannt sind, in Frage für die entwicklungspsychologische Forschung.

Lohaus vergleicht Datenerhebungsmethoden, die vorwiegend bei Kindern zum Einschub kommen:

a. Dialoge mit spielendem Charakter
b. Dialoge mit Einschub von figuralen und non-figuralen Kommunikationsmedien
c. Klinische Vorgehensweisen von Piaget

Diese Methoden sind auf aktive und inaktive Wortschätze und das semantische, pragmatische und syntaktische Sprachvermögen und deren Sprachentwicklung angewiesen. Vor Beginn muss sichergestellt werden, dass alle Teilnehmer des Interviews die Aufgaben verstehen können und dass die ethischen Standards zu Befragungsmethoden eingehalten werden.
Folgende Techniken sind für die zeitgebundene Verhaltensregistrierung, neben den Beobachtungs-, Auswertungs - und Kodierungstechniken und dementsprechend für die entwicklungsprozessuale Registrierung, relevant:

I. Echt-Zeit-Protokoll: Hier werden beispielsweise bei einer Mutter–Kind-Interaktion mit Beginn und Ende die einzelnen Verhaltensweisen längs der physikalischen Zeitleiste (z.B. Video) erfasst.

II. Zeit-Lupen-Technik: Neben der zeitgetreuen Aufnahme kann diese, abseits der Normalgeschwindigkeit, die Beobachtungssequenzen, betreffend der Fragestellungen und Hypothesen, abschwächen oder ausdehnen.

III. Zeit – Stichproben – Technik: In einem Intervall von 3 Minuten, wird alle 20 Minuten das Video auf Aufnahme geschaltet, um Quoten der Häufigkeit des Verhaltens zu erfassen.

IV. Ereignis-Stichproben-Technik: Beobachtet vorher festgelegte Verhaltenssequenzen wie beispielsweise, wenn der Beobachter darauf wartet, bis ein Kind einem anderen Kind etwas wegnimmt.

Forschungspläne:

• **Längsschnitt–Strategie:** Sie kommt der Beobachtung des Erlebens und Verhaltens in Richtung der Ontogenese und der Entwicklungspsychologie am nächsten. Diese Veränderungen müssen wiederholt bei denselben Individuen erfasst werden. Allerdings zu verschiedenen Augenblicken im Verlauf des Lebens, die im Rahmen der Untersuchung abgesteckt sind. Beispielsweise der Übergang vom Berufsleben in den Abschnitt der Ausscheidung aus dem Arbeitsalltag als Bereich der Gerontopsychologie.

Es stellt sich allerdings die forschungspraktische Problematik der Identität des Individuums und die Konstrukt–Kontinuität, deren Richtung eine Begutachtung theoretisch gründet. Ein anderes Problem ist die operationale Echtheit der Praktik, so wäre die Angst des Kindes von seiner Mutter getrennt zu werden beispielsweise eine andere als die eines Schulkindes am ersten Schultag. Die von Flavell genannten Abfolgemuster für kognitive Entwicklungsstrukturen zeigen deutlich die quantitativen und qualitativen Sequenzprobleme.

• **Querschnitt–Strategie:** Hier werden nach unterschiedlichen Altersangaben Personen in Gruppen aufgeteilt, die zu einem Augenblick getestet wurden. Das bedeutet, dass die verschiedenen Stichproben über einen längeren Zeitraum beobachtet werden und so Rückschlüsse auf die Entwicklung über den Zeitraum gezogen werden können. Meist ist dieser methodische Schritt von der Erhebungsökonomie festgelegt. Verlangt werden vergleichbare Altersstichproben, die sich, wenn möglich, nur in den avisierten altersdiskriminativen Anzeichen unterscheiden. Wenn es beispielsweise um die Abhandlung von Vergleichen zwischen jugendlichen und elterlichen Zukunftsplänen geht, ist die alterskontrastierende Methode legitim.

• **Sequenzpläne:** Hiermit versucht man die Konfundierungsprobleme der Längsschnitt– und Querschnittmethode zu minimieren. Zur Verflechtung von Alter und Gesellschaftsschicht kommt es beim Querschnitt. Also beobachtete Unterschiede bei den Generationen, diese sind auch auf die Zugehörigkeit der bestimmten epochal beeinflussten Generationen und nicht nur auf die Unterschiede des Alters zurückgeführt. Ein festgestellter Altersunterschied kann beim Längsschnitt, zum Beispiel bei der Aggressivität vom 15. bis zum 18. Lebensjahr nicht zwingend dem Altern der getesteten Personen zugeschrieben werden. Zwischen den beiden Testzeitpunkten könnte sich die öffentliche Ansicht zur Aggressivität von Jugendlichen geändert haben und somit in den Einstellungsskalen sichtbar sein.

SOZIALPSYCHOLOGIE

Dieses Forschungsgebiet beschäftigt sich mit dem Auftreten und Erleben des Menschen in der zwischenmenschlichen Umwelt. Es bestehen zwei große Forschungseinrichtungen. Auf der einen Seite gibt es das Studium der allgemeinpsychologischen Thematik im sozialen Kontext. Zum Beispiel könnten das, die Untersuchungen des sozialen Wissens, der sozialen Beobachtung und des sozialen Blickwinkels sein. Das Erleben und Auftreten von Personen in Gruppen, wie beispielsweise bei Intergruppenkonflikten, wird auf der anderen Seite erforscht.

Geschichte

Es gibt zwei verschiedene Entwicklungsstränge:

- Vor allem in Europa wird die gesellschaftswissenschaftliche Sozial-psychologie als Gebiet der Soziologie weiterentwickelt.
- In den USA weiterentwickelt und in Europa gefestigt ist die psychologische Sozialpsychologie.

Der Unterschied dieser beiden Ansätze ist, dass bei Gruppenprozessen stärker die soziologische Sozialpsychologie zum Einsatz kommt. Wenn es um das Individuum geht, die psychologische Sozialpsychologie.

Nur durch die Nutzung quantitativer und qualitativer Handhabung in beiden Disziplinen, verschwimmt die Grenze beider Bereiche. Neue interdisziplinäre Bestrebungen, die Sozial- und Naturwissenschaften in den Humanwissenschaften zusammenführen, bestärken diese Tendenz. Mit der Emeritierung von Rolf Pohl im Jahr 2017, ist es nicht mehr möglich, den Bereich Sozialpsychologie an der Universität in Hannover zu studieren.

Forschungsbereiche

Einer der unzählig vielen Gegenstandsbereiche ist die soziale Empfindung. Es ist der Vorgang, bei dem über individuelle Besonderheiten einer Person, Informationen aufgenommen, interpretiert und gesammelt werden. Zudem gehören zur sozialen Wahrnehmung die Attributionstheorien, der Denkansatz der korrespondierenden Endsumme, und die Kovariationstheorie.

Die soziale Kognition ist ebenfalls ein zentrales Thema. Es wird versucht, nachvollziehen zu können, wie über andere Menschen und uns selbst gedacht wird und wie die Prozesse, die daran beteiligt sind, in sozialen Situationen unser Verhalten und Urteil beeinflussen. Die Unterscheidung zwischen kontrollierten und automatischen Denkprozessen ist in der Ermittlung der sozialen Kognition sehr bedeutend. Ohne Absicht und unbewusst auftretende Prozesse, die gleichlaufend ablaufende kognitive Vorgänge nicht stören, sind automatisch. Unter einem kontrollierten Prozess versteht man, einen absichtlich herangeführten Prozess, der bewusst abläuft und sehr aufwendig ist. Kognitive Strukturen, sogenannte Stereotypen, die unsere Erwartungen und unser Wissen gegenüber anderen Menschen enthalten, haben in der Forschung ebenfalls eine wichtige Rolle.

Unter anderem beschäftigt sie sich auch mit Interpretationen des Selbst und Konstruktionen. Wovon die Selbsterkenntnis stammt und worin die gesellschaftlichen Ursprünge liegen, interessiert hier besonders. In der Forschung des Selbst sind die zentralen Bezeichnungen, das Selbstkonzept, Selbstschemata und die Selbstsicherheit. Das Thema Einstellungen ist ebenfalls ein zentraler Bezirk der Sozialpsychologie. Darunter versteht man die Beurteilung von Menschen und Angelegen–heiten in unserer sozialen Umwelt und Gruppen. Wie eine Einzelpersönlichkeit sich verhält und die Welt wahrnimmt, wird von Einstellungen stark beeinflusst.

Das Multikomponentenmodell besagt, dass eine Einstellung eine zusammenfassende Bewertung eines Objektes ist. Sie beruht auf intellektuellen, affektiven und verhaltensbezogenen Grundlagen. Wie und wann Betrachtungsweisen unser Auftreten vorhersagen, also die Verbindung zwischen der Denkweise und dem Handeln, wird ebenfalls erforscht. Die Verhaltens- und Einstellungsänderung sowie der soziale Einfluss, bei dem Personen durch die Anwesenheit anderer geformt werden, ohne diese bewusst beeinflussen zu wollen, sind ebenfalls wichtige Strategien in der Sozialpsychologie.

Soziale Aspekte wie Stimmung und Emotionen als Entscheidungsgrundlagen, sind weitere Gegenstandsbereiche. Darüber hinaus beschäftigt sich die Sozialpsychologie damit, wieso Individuen Gruppen gründen und welche soziale Funktion sie dabei einnehmen. Hier steht im Vordergrund, welche Rollen die verschiedenen Gruppenmitglieder inne haben. Auch die Gruppenstruktur wird untersucht: Handelt es sich um eine Gruppe, die nur besteht, um eine Aufgabe zu erfüllen oder fühlen die Mitglieder sich auch emotional verbunden? Eine große Rolle spielen auch Intergruppenbeziehungen und Vorurteile. Sie versucht, die Entwicklung von negativen Einstellungen für eine fremde Gruppe zu erklären und erforscht die Auswirkungen auf das Handeln eines Menschen.

Unter anderem sind weitere Bereiche der Sozialpsychologie:

- Konsistenztheorien
- Soziales Lernen und Sozialisation
- Kommunikation und nonverbale Kommunikation
- Ethik und Richtlinien
- Aggression, prosoziales Verhalten und interpersonale Attraktivität

Unterschiede der Fachgebiete

Obwohl es einige Schnittstellen zwischen den Bereichen gibt, ist die Sozialpsychologie eine eigenständige Disziplin und grenzt sich von anderen Wissenschaftsfeldern ab.

Persönlichkeitspsychologie: Der Blickwinkel des sozialen Umfelds, um den Einfluss der Änderungen auf den Denkinhalt, die Emotionen und das Auftreten zu erfassen und zu manipulieren, ist hier üblich. Weniger geht es in der Persönlichkeitspsychologie um den Einfluss der sozialen Umwelt auf das Erleben und Handeln des Menschen, sondern darum, welche Merkmale der Persönlichkeit dafür zuständig sind, dass sich unterschiedliche Personen, in einer vergleichbaren gesellschaftlichen Situation, verschieden verhalten. In der Persönlichkeitspsychologie liegen also die Persönlichkeitsmerkmale im Fokus, deren Ausgangspunkt und Auswirkung erforscht werden. Im Gegensatz zur Sozialpsychologie, welche die Beeinflussung einer sozialen Situation auf das Verhalten erforscht.

Soziologie: Auch hier gibt es zahlreiche Überschneidungen zwischen Soziologie und der Sozialpsychologie. Beide Disziplinen bauen auf dem Prinzip des methodologischen Individualismus auf. Zwischen den beiden Fachbereichen gibt es trotzdem Unterschiede in der Art und Weise, wie das gesellschaftliche Verhalten untersucht wird. Auslöser des sozialen Verhaltens sehen die Soziologen vermehrt in strukturellen Variablen. Die Sozialpsychologen hingegen führen soziales Verhalten eher auf individuelle Prozesse, wie Motive und Kognitionen, zurück.

BIOLOGISCHE PSYCHOLOGIE

Sie erforscht das menschliche Erleben und Verhalten auf Basis ihrer biologischen Grundlagen, wie zum Beispiel Gene, Hormone oder Neurotransmitter aber auch ultimate Faktoren, wie Evolution und natürliche Selektion. Die Verbindung zwischen dem Auftreten von Menschen und Tieren wird ebenfalls erforscht. Aus diesem Grund versteht man dieses Gebiet als interdisziplinäre Forschungsrichtung in der psychologischen, wie beispielsweise der Allgemeinen Psychologie oder der Entwicklungspsychologie, der Biologischen und Medizinischen, wie der Physiologie, Verhaltensökologie oder Soziobiologie als Teildisziplin.

Zum einen erforscht sie, wie Anordnungen und Vorgänge, wie zum

Beispiel das Hirn, des endokrinen, immunologischen und kardiovaskulären Systems auf das Denken, Verhalten, Träumen und die Emotionen wirken. Auf der anderen Seite werden auch die psychische Beschaffenheit und Vorgänge erforscht und wie sie biologische Strukturen und Funktionen beeinflussen. Der Begründer und Chefredakteur der Fachzeit-schrift *Psychobiology* war Knight D. Er verwendete im modernen Sinne den Begriff „Psychobiologie" erstmals in seinem Buch „An Outline of Psychobiology". Er kündigte an, dass diese Zeitschrift Ergebnisse der Forschung veröffentlichen wird, die die Anbindung von physiologischen und mentalen Funktionen betreffen.

Geschichte

Die Biologische Psychologie wurde in den Jahren 1933 bis 1945 im deutschen Sprachraum fast ganz zerstört und erholte sich nur schwer. Die Wertschätzung der Biopsychologie stieg jedoch in den letzten Jahren wieder an, da, beispielsweise bei der Einschränkung von Suchtkrankheiten, die Wichtigkeit erkannt wurde. Bereits die Physiologische und Biologische Psychologie spielte bei der Entstehung der Psychologie als Wissenschaft eine wichtige Rolle. In Deutschland beschäftigen sich nur circa 100 – 150 aktive Forscher mit der biologischen Psychologie, während sich in den USA tausende Psychologen, im Rahmen von Forschungsarbeiten, mit den physiologischen beziehungsweise biologisch psychologisch gestellten Fragen beschäftigen.

Methoden

Die meisten Erkenntnisse beruhten früher auf Beobachtungen. Es gab noch kein Werkzeug, um das lebende menschliche Gehirn zu untersuchen. Allerdings kam man auch damals bereits zu der Erkenntnis, dass die linke Hälfte des Gehirns für die rechte Seite des Körpers zuständig ist und andersherum. Dies wurde erkannt durch Auffälligkeiten, wenn eine Gehirnhälfte verletzt wurde.

Wurde somit die linke Seite verletzt, zeigte die rechte Körperseite Lähmungserscheinungen oder Taubheitsgefühle. Im Großen und Ganzen stützt sich die Biopsychologie stark auf die Versuche mit Tieren. Das ist ein nicht unerheblicher Kernbestandteil dieses Fachgebiets. Mit ein Grund, warum sich dieses Fach in Deutschland auf wenige Einrichtungen beschränkt, liegt darin, dass die deutsche Psychologie Tierversuchen eher negativ gegenübersteht. Durch die Möglichkeit, immer mehr Untersuchungsmethoden durchzuführen, ohne in den Körper einzudringen, verringern sich auch die Tierversuche. Um den Aufbau und die Funktionen des Nervensystems zu untersuchen, gibt es unterschiedliche mikroskopische Möglichkeiten. Von der Lichtmikroskopie bis zur Elektronenmikroskopie, welche im Gegensatz zur vorherig Genannten, eine weitaus höhere Auflösung liefern kann. Synaptische Systeme, Membranstrukturen sowie Ionenkanäle können somit sichtbar gemacht werden. Werden dem Gewebe, das betrachtet werden soll, bestimmte Chemikalien zugeführt und legen sich diese dann an vereinzelte Moleküle der Nervenzellen, so spricht man von einer Fluoreszenzmikroskopie.

Unter ultraviolettem Licht wird das entsprechende Gewebe zum Leuchten gebracht, somit lassen sich vereinzelte Gewebestrukturen klar unterscheiden. Eine andere Möglichkeit bietet die Zwei-Photonen-Mikroskopie. Damit ist es erreichbar, einzelne biochemische Vorgänge, wie beispielsweise Rezeptoren auf lebenden Zellen, sichtbar zu machen.

Um verschiedene Elemente des Nervensystems voneinander abzutrennen, gibt es eine Vielzahl an Färbemethoden. Hier macht man sich zunutze, dass unterschiedliche Farbstoffe auch unterschiedliche Affinitäten zu gewissen Teilen der Zelle besitzen. Bei der Golgi-Färbung wird, beispielsweise durch das Anfärben mit Silbersalzen, die Zelle in ihrer Gesamtheit mit einzelnen Teilen sichtbar gemacht, allerdings werden bei dieser Vorgehensweise nur wenige Nervenzellen deutlich gemacht. Um die Vielzahl der Nervenzellen zu erkennen oder den Durchmesser des Zeellkörpers zu messen, nutzt man die Nissl-Färbung. Diese Methode färbt meist nur den Zellkörper. In der Biopsychologie lassen sich sechs Teilbereiche einteilen. Sie haben zwar unterschiedliche Schwerpunkte und verschiedene Herangehensweisen, können aber nicht vollkommen voneinander abgrenzt werden.

Physiologische Psychologie: Sie beschäftigt sich mit den neuronalen Handlungsweisen des Verhaltens durch Manipulation, vor allem des zentralen Nervensystems. Im Gegensatz zur Biologischen Psychologie beschäftigt sich die Physiologische Psychologie ausschließlich mit den Zusammenhängen von Gehirn und Verhalten.

Psychopharmakologie: Sie beruht oft auf Methoden der Psychophysiologie und neuropsychologischer Testverfahren und beschäftigt sich mit der Wirkung, die Drogen oder Medikamente auf das Gehirn und das Verhalten haben. Ein Beispiel ist die Gabe von Pharmaka, bei der die Bereitstellung des Neurotransmitters Acetylcholin erhöht wird und somit kann das Gedächtnis von Patienten mit Alzheimer verbessert werden.

Neuropsychologie: Aus ethischen Gründen können natürlich keine Experimente durchgeführt werden, weshalb spezielle Einzelfälle untersucht werden. Die Neuropsychologie beschäftigt sich mit den psychischen Effekten von Hirnschädigungen, wie beispielsweise bei Henry Gustav Molaison, er litt an einer besonderen Erinnerungsschädigung. Durch einen Unfall, bei dem eine Eisenstange durch den Kopf von Phineas Gage flog, erlitt auch er Schäden im präfrontalen Kortex. Die Neuropsychologie versucht, immer die Situation des Patienten zu verbessern, weshalb viele Ausgangspunkte der biopsychologischen Grundlagenforschung miteinbezogen werden.

Psychophysiologie: Die Beziehung zwischen psychischen Prozessen und physiologischer Aktivität beim Menschen ist hier der Schwerpunkt. Stress, Emotionen, Belastung am Arbeitsplatz, biologische Rhythmen und die Prüfung kognitiver Vorgänge liegen hier im Fokus der Untersuchungen. Ebenfalls schließt sie auch Betrachtungen hirnelektrischer Vorgänge, Aktivität vom Kreislaufsystem des Herzens, der Haut sowie der Muskulatur mit ein. Ursprünglich stammt die Psychophysiologie aus den medizinischen Resultaten. Heute liefert sie Indikatoren auf nicht verbalem Weg, um psychische Prozesse zu untersuchen.

Kognitive Neurowissenschaft: Hauptsächlich unter Anwendung funktionaler bildgebender Verfahren untersucht sie die neuronalen Mechanismen. So können Abwandlungen der Tätigkeit in unterschiedlichen Bereichen des Gehirns kenntlich gemacht werden. Dies geschieht beispielsweise während Probanden eine Gedächtnisaufgabe lösen sollen.

Vergleichende Psychologie: Sie beschäftigt sich mit der Evolution, Adaptivität des Verhaltens unterschiedlicher Spezies und der Genetik. Eine Erkenntnis ist beispielsweise, dass der Hippocampus für das Ortsgedächtnis bedeutsam ist, da man erkannt hat, dass einige Vogelarten, die Vorräte verstecken, vergleichsweise große Hippocampi besitzen.

PSYCHOLOGISCHE METHODENLEHRE

Auf diesem Gebiet der Psychologie beschäftigt man sich mit der Adaption und der Entwicklung von Strategien zur Messung menschlicher Besonderheiten. Es dient der statistischen und mathematischen Form von psychologischen Vorgängen, dem Muster von Forschungsstudien und der Prüfung und Deutung empirisch-psychologischer Daten. So können Forschungsfragen der Psychologie untersucht und objektive, zuverlässige und gültige Schlussfolgerungen aus den Studien gewonnen werden.

Somit bildet die psychologische Methodenlehre die Verbindung zwischen allseitigen Grundlagenfächern und den psychologischen Grund– und Anwendungsfächern. Ihr Spektrum reicht von der Wissenschaftstheorie und Ethik bis hin zur Experimentalmethodik, Evaluationsforschung und Mathematik oder Informatik. Im Studium nimmt die Methodenlehre einen hohen Stellenwert ein, da fast ein Viertel der Ausbildungszeit diesem Fach gewidmet wird.

Angewandte Psychologie

Die Angewandte Psychologie besteht aus mehreren Disziplinen, die auf den Grundlagenfächern der Psychologie, zum Beispiel aus der Sozialpsychologie aufbauen, aber eher praktisch aufgebaut sind.

Dazu zählen:

Klinische Psychologie: Hier werden methodisch die biologischen, sozialen, entwicklungs- und verhaltensbezogenen, kognitiven sowie emotionalen Grundlagen psychischer Beeinträchtigung untersucht. Ebenfalls Forschungsgegenstand sind die Auswirkungen der Störung und anderer anatomische Erkrankungen wie Krebs oder chronisches Herzleiden. Sobald psychische oder körperliche sowie umweltbezogene oder soziale Störungen auf Systeme, Gruppen oder auf Einzelne treffen, kann die Klinische Psychologie durch wissenschaftliche Methoden und Kenntnisse die Zusammenhänge, Ursachen und Wirkungen und deren Folge auf das Verhalten und Erleben untersuchen.

Pädagogische Psychologie: Sie erforscht das menschliche Verhalten und Erleben im Zusammenhang von Bildung, Schule und Erziehung. Das Ziel ist eine Verbesserung des Handelns von Eltern und Fachleuten aus psychologischen, pädagogischen, therapeutischen und psychosozialen Bereichen. Die menschliche Entwicklung, Lern- und Lehrprozesse, Erkenntnisse über Erziehungsmethoden sowie Spracherwerb und Intelligenzforschung sind einige Themen in der Pädagogischen Psychologie. Durch den fließenden, ineinandergreifenden Übergang ist die Pädagogische Psychologie nicht nur für Psychologen von Bedeutung, sondern ebenfalls für alle pädagogischen Tätigkeiten.

Wirtschaftspsychologie: Wie der Name schon vermuten lässt, beschäftigt sie sich mit den psychologischen Prozessen wirtschaftsbezogenen Handelns. Das Handeln, Erleben und Entscheiden in ökonomischen Abläufen steht hier im Fokus. Durch die gewonnenen Erkenntnisse können dann Handlungsempfehlungen abgeleitet werden. Im Studium wird die Wirtschaftspsychologie in zwei große Teilbereiche gegliedert. Einmal die Psychologie und einmal die Betriebswirtschaft. Die Wichtung der Teilbereiche hängt allerdings stark vom jeweiligen Studiengang ab und kann variieren. Die Wirtschaftspsychologie unterstützt also die Schaffung eines guten Betriebsklimas.

Medienpsychologie: Sie beschäftigt sich mit der Untersuchung der Fernseh- und Hörfunknutzung, dem Lesen von Büchern, Hören von Musik sowie der Rezeption von Unterhaltungsangeboten. Aber auch die Auswirkungen von Gewaltdarstellungen, von Werbewirkung und die Untersuchung der Mensch–Computer–Beziehung. Ziel ist es, spezifische Beschreibungen und theoretische Erklärungen zur Mediennutzung und Medienwirkung zu finden.

Religionspsychologie: Sie beinhaltet die inneren Vorgänge der Bildung der Veränderungen von Kognitionen, Erwartungen, Einstellungen und die individuelle Repräsentation der Religion. Die Religionspsychologie erklärt, wie Menschen eine religiöse Beziehung entwickelt oder auch nicht entwickelt haben. Wenn eine Religion für persönliches Wachstum akzeptiert wird, dann spricht man davon, dass ein Mensch religiös ist. Die Psychologie untersucht die subjektiven Entscheidungen von psychischen Prozessen.

Musikpsychologie: Sie untersucht die Besonderheiten der musikalischen Wahrnehmung, die musikalische Entwicklung von Laien und Experten sowie sozialpsychologische und emotionale Effekte beim Hören von Musik. Vor allem versucht die Musikpsychologie, psychische Vorgänge bei der musikalischen Produktion, Rezeption, und Interpretation zu untersuchen.

Also die Beziehung zwischen der Umwelt, der Musik und dem Menschen sowie die emotionale Wirkung auf den Menschen. Menschen suchen sich häufig die passende Musik zu ihrer Stimmung aus, also bei trauriger

Stimmung auch traurige Musik. Doch viel besser wäre es laut der Psychologie, sich die Musik auszusuchen, die zu einer Stimmung passt, in die der Mensch kommen möchte. Wie beispielsweise, wenn eine Person Sport machen will, sollte man Musik hören die vitalisierend und ermunternd ist.

Umweltpsychologie: Diese kann man auch Ökologische Psychologie nennen und sie ist eine noch relativ junge Disziplin der Psychologie. Sie untersucht die Wirkung der Umwelt auf den Menschen und sein Verhalten und die Handlungen des Menschen gegenüber der Umwelt. Der Begriff Umwelt teilt sich auf in die natürlich Umwelt bis zur soziokulturellen Umwelt wie Siedlungen, Informationswelten und Lernumgebungen. Nach Hellpach gibt es drei Umwelten, die soziale, kulturelle und natürliche Umwelt.

Sportpsychologie: Sie befasst sich mit der Motivation, Entwicklung, dem Lernen und der Sozialpsychologie. Auf der einen Seite geht es um die Nutzung sportpsychologischer Verfahren zur Erkenntnisgewinnung in den Praxisbereichen des Sports. Auf der anderen Seite geht es um die Bedeutsamkeit und Funktion psychologischer Interventionen als Mittel des Sports. In Deutschland wurde eine Arbeitsgemeinschaft für Sportpsychologie im Jahre 1969 gegründet.

Militärpsychologie: Für die militärischen Tätigkeiten sind psychische Eignungen notwendig. Damit und auch mit den psychischen Belastungen durch den Dienst im Militär sowie die langfristigen Folgen, beschäftigt sich die Militärpsychologie. Während des Ersten Weltkrieges bekam diese Disziplin der Angewandten Psychologie große Anerkennung. Ebenfalls geht es auch um Umgang und Handlungsmöglichkeiten nach einem Einsatz von beispielsweise ABC–Waffen in der Zivilbevölkerung oder um die weitere Einsatzfähigkeit von Truppen danach.

Rechtspsychologie: Sie hat Anwendung in der psychologischen Theorie, Handhabung und gibt Aufschluss auf Probleme des Rechtswesens. Grob wird sie in zwei Unterkategorien aufgeteilt. Die Forensische Psychologie und die Kriminalpsychologie. Psychologen der Rechtspsychologie kommen auch als Gutachter bei Gericht zum Einsatz. So können sie Gutachten bei Sorge- und Umgangsrecht oder bei Scheidungs- oder Misshandlungsfällen erstellen. Die Anwendungs- und Forschungsbereiche sind unter anderem: Prävention, Polizeipsychologie, außergerichtliche Konfliktregelung, Resozialisierung, Erklärung kriminellen Verhaltens oder psychodiagnostische Begutachtung.

Neben diesen Bereichen gibt es auch Fächer und Forschungseinrichtungen, die nicht zur Psychologie gehören, aber mit ihr oft verwechselt werden:

- *Psychiatrie:* Ist ein Teilgebiet der Medizin. Ihre Aufgabe ist die Beurteilung und Behandlung psychischer Störungen.

- *Psychosomatik:* Ebenfalls ein Teilgebiet der Medizin, die Ursachen und Behandlungen von Krankheiten erforscht und diese beurteilt. Diese werden sowohl durch anatomische als auch durch psychische Elemente beeinflusst (psychische Einflüsse auf körperliche (somatische) Vorgänge).

- *Psychopathologie:* Ist ebenfalls ein Teilgebiet der Medizin und erforscht die Ursachen psychischer Störungen.

- *Psychotherapie:* Ein Teilgebiet der Medizin und ein Sammelbegriff für Verfahren, bei denen versucht wird, ohne körperliche Eingriffe geistige Störungen zu behandeln. Die Psychoanalyse, die Verhaltenstherapie und die Gesprächstherapie gehören hierzu.

- *Psychoanalyse:* Die Lektion über das Innenleben des Menschen. Für eine Psychotherapie bietet sie das Fundament. Durch fälschliche, oft populärwissenschaftliche, Berichterstattung kann sie mit der Psychologie verwechselt werden. Jedoch haben sich beide eigenständig voneinander entwickelt und haben somit sehr unterschiedliche Blickwinkel und Forschungstraditionen. In der Wissenschaft ist die Psychoanalyse sehr umstritten.

- *Tiefenpsychologie:* Im engeren Sinne gehört sie zur Psychoanalyse und ihren Modifikationen. Sie ist ein Sammelbegriff für alle Lehren und Theorien, die ein hypothetisches Objekt, wie das psychoanalytisch Unbewusste, annehmen.

Gerontopsychologie

Ebenfalls ein wichtiger Bereich der Psychologie ist die Gerontopsychologie. Sie beschäftigt sich mit dem Beitrag des Verhaltens und Erlebens des Menschen, welcher dem Altern und dessen Beeinflussbarkeit zugeschrieben ist. Die Gerontologie, wie auch die Psychologie als Teildisziplin, ist ein begrenzt heranwachsendes Gebiet der Entwicklungspsychologie.

Nachdem es durch verschiedene empirische Befunde notwendig wurde, bisherige eindimensionale Konzepte zu überarbeiten, bei denen davon ausgegangen wurde, dass die Entwicklung des Menschen nach der Kinderzeit und der Jugend abgeschlossen ist, hat sich dieser Bereich erst als eigenständiges Gebiet Ende der 1980er Jahre durchgesetzt. Im Vorhinein wurde zwar auch speziell zum Thema Altern geforscht, allerdings vorwiegend auf dem Gebiet der Differenziellen Psychologie, aufgrund der geringen Grenze des Entwicklungsbegriffes.

Paul Baltes veröffentlichte im Jahr 1990 ein neues multidimensionales Entwicklungskonzept. Hierbei wurde davon ausgegangen, dass die Entwicklung nicht irreversibel, unidirektional oder sequenziell erfolgt, sondern durch einen ständigen Wechsel zwischen Abbau von Kompetenzen und dem Wachstum gekennzeichnet ist und eine bedeutende Ausdruckskraft aufweist. Dies bezieht auch mit ein, dass das Wachstumsgeschehen interindividuell bedingt gleichzeitig stattfindet, allerdings nicht den gleichen Charakter aufweisen sollte.

Das Klischee, dass ältere Menschen häufig unzufrieden und griesgrämig sind, wird hier aus der Welt geschafft. Mit zunehmendem Alter erhöht sich zum Beispiel die Möglichkeit, eine Demenzerkrankung zu entwickeln. Ebenfalls können sich im Alter viele Beeinträchtigungen des Nervensystems zeigen, wie Parkinson oder Chorea Huntington. Aber nur, weil einige ältere Menschen an diesen Krankheiten leiden, sagt das nichts über ihren eigentlichen Charakter aus.

ALTERSDEFIZITE

Natürlich kann nicht abgestritten werden, dass physiologisches und psychisches Altern einige Nachteile mit sich bringt. Ende der 1960er Jahre ergab eine Studie von Horn und Cattell, dass sogenannte fluide Intelligenz im Parallelen zum Erkenntnisvermögen, also das Wissen und die sprachlichen Fähigkeiten, mit steigendem Alter abnimmt.

Mitte der 1990er Jahre wurde von Schaie eine Untersuchung über die verstandestheoretischen Bestandteile durchgeführt. Damit ließ sich nachweisen, dass die Wahrnehmungsgeschwindigkeit kontinuierlich mit dem Alter abnimmt. Jedoch nehmen andere Fähigkeiten fluider Intelligenz, wie abstraktes Denken, erst im fünften Lebensjahrzehnt ab. Die Meinung, dass ältere Menschen eher intellektuell benachteiligt sind, ist vermutlich auch dem Flynn-Effekt zuzuschreiben.

Bis in die 70er Jahre des vergangenen Jahrhunderts hinein, hielt sich das Gerücht, dass die Intelligenz älterer Menschen abnimmt. Diese Hypothese, die es zu belegen gilt, besagt, dass generell ältere Menschen Probleme mit Gedächtnisstrategien, Enkodieren und Abrufen von Wissen, hätten. Allerdings widerlegte Knopf dies im Jahr 1987. Genauso wie bei jungen Testpersonen, wurden Strategien gebildet, diesen lag jedoch eine „Nutzungsineffizienz“ dieser Strategie vor, die nach Hager und Hasselhorn im Jahr 1993 auf eine abgeschwächte Arbeitsgedächtniskapazität zurückzuführen war. Diese äußert sich darin, dass die gängige Informationsverarbeitungsgeschwindigkeit bei älteren Menschen langsamer stattfindet.

Eine weitere Theorie besagt, dass die Abnahme der Leistung auf eine minimierte kognitive Befangenheit im Frontallappen zurückzu-führen ist. Durch Ergebnisse aus Negative-Priming-Aufgaben mit älteren Persönlichkeiten erscheint dies plausibel und löst demzufolge auch beim Stroop-Effekt proaktive Wechselwirkungen aus. Der Stroop-Effekt zeigt, dass trainierte Handlungen fast automatisch ablaufen, während ungewohnte Handlungen eine größere Aufmerksamkeit benötigen.

ALTERSKOMPETENZEN

Man kann nicht sagen, dass ältere Menschen grundsätzlich benachteiligt sind und der Gesellschaft nicht zuträglich gesehen werden können. Ältere Menschen haben gegenüber jüngeren einen enormen Vorteil: Ihre Lebenserfahrung und ihren großen Wissensschatz, den sie sich über Jahre und Jahrzehnte aufgebaut haben.

Ältere Menschen können mit dem Beenden des Arbeitslebens und der damit gewonnenen Freizeit, ein neues soziales Ichbewusstsein entdecken und dementsprechend auch selbst verwirklichen. Dies kann dazu beitragen, soziale Gewissenhaftigkeit zu übernehmen und ein hohes Maß an Eigenständigkeit zu wahren. Zwischenmenschliche Beziehungen, die bereits bestehen, können weiter ausgebaut werden, aber ebenso können neue Beziehungen geknüpft werden.

Durch inhaltsspezifische Kenntnisse, jahrelange persönliche Erfahrungen und Routinen, die automatisiert sind, haben Menschen höheren Alters oft ein reguläres Expertenwissen. In der Konsequenz der entsprechenden Disziplin sorgt dies für deutliche Vorteile gegenüber jungen unerfahrenen Menschen. Dies wurde empirisch auch bestätigt, wie beispielsweise beim Maschinenschreiben. Grundlegend, nach Baltes, ist hier das „Prinzip der Kompensation durch selektive Optimierung“.

SCHLÜSSELTHEMEN AKTUELLER FORSCHUNG

In der frühen Untersuchung der Gerontopsychologie haben vor allem die Begriffe „Entwicklungsthema“ und „Entwicklungstechnik“ beziehungsweise „Daseinstechnik“ große Einwirkung.

Thomae hat ein ausgeklügeltes System entwickelt, mit dem er die unterschiedlichen Formen des Alterns kategorisieren konnte. Der Gesundheitszustand, soziale Status, aber auch außergewöhnliche Einflüsse erweisen sich in diesem Grundgedanken bedeutungsvoller zur Erklärung von Altersveränderungen als chronologisches Alter selbst.

Somit ist Entwicklung als hoch individuell, inhaltlich – thematisch, zu kennzeichnendes Veränderungsgeschehen zu sehen und nicht als allgemeine Abfolge gewisser Bereiche oder Stufen.

Die Begriffe „Reaktionsformen" beziehungsweise „Reaktionshierarchien" kennzeichneten, nach neueren Arbeiten von Thomae, die Entwicklung im Alter als Ergebnis einer vielfältigen Transaktion zwischen dem subjektiven Lebensraum und den Reaktionsformen.

Die Entwicklungskrise nach Erikson ist ein gedanklich wie erfahrungsgemäß nur lose gestützter Entwurf der Gerontopsychologie. Er geht davon aus, dass eine Weiterentwicklung im Sinne einer Sicherung und Entfaltung von Identität, erst nach Überstehen von Krisen im Lauf des Lebens vonstattengeht. Die Krise des hohen Alters beinhaltet das Akzeptieren des bisherigen Lebens mit all dem Unerreichten und Unerfüllten, während in den mittleren Lebensjahren das Befassen mit der eigenen Person, Stagnation und Entwicklungsverlangsamung als lebensphasenspezifische Wendepunkte zu betrachten sind.
Der Ansatz von Erikson kann als Grundlage der Entwicklungsaufgabe, des von Havighurst vorgestellten Konzeptes, gesehen werden. Mit dem Begriff Entwicklungsaufgabe stellt Havighurst dar, dass höheres Lebensalter mit genauen psychosozialen Beanspruchungen, wie der Abstimmung auf den Ruhestand, Tod des Ehepartners oder das Annehmen nachlassender körperlicher Kräfte, einhergeht. Havighurst sieht als Bedingung einer aktiven und positiven Entwicklung bis ins hohe Alter, die Beschäftigung von Aufgaben der Entwicklung und die individuelle Auseinandersetzung. Dieser Ansatz bildete den Grundstein eines umfangreichen

gerontopsychologischen Forschungsgebiets. Man könnte sagen, dass hier der Prozess des Alterns als selbstbestimmter und positiver Prozess gewertet wird.

In neueren Ansätzen geht man mit den Begriffen „current concerns", „life tasks", oder „commitments" auf persönliche Wünsche und Bedürfnisse, in ihrer entwicklungsrelevanten und handlungsleitenden Bedeutung, ein. In der Gerontopsychologie steht der Begriff „Plastizität" für intraindividuelle Veränderungspotentiale, die sich unter optimalisierten Entwicklungsbedingungen hervorbringen und erkennen lassen.

Die Plastizität bildet in einer interventionistisch akzentuierten Gerontopsychologie ein Schlüsselkonzept. Vor diesem Hintergrund wird Entwicklung im Alter als ein in gewissen Grenzen beeinflussbares Geschehen angesehen. In den Bereichen Intelligenz und Gedächtnis konnten Interventions-studien belegen, dass zu einer Erneuerung oder Festigung grundlegender kognitiver Anlagen im Alter, geeignete Förderansätze und damit die Selbstständigkeit und Alltagskompetenzen positiv dazu beitragen können, sie zu erhalten.

Psychotherapeutische Ansätze unterschiedlicher Herkunftsländer zeigten, dass bis ins hohe Lebensalter Verhaltensänderungen, eine Begrenzung von Symptomen und selbst Änderungen bei den Charakter–eigenschaften möglich sind. Vor allem im Zusammenhang mit dementieller Entwicklung im Alter zeigen sich die Grenzen der Plastizität. Jedoch auch bei eingeschränkten geistigen Leistungen, sind unter Einschließung hoch individueller Förderansätze, ungenutzte Reserven zu aktivieren.

Ein zentrales Thema in der gerontopsychologischen Forschung, sind Modelle zur Aufarbeitung von Belastungen im Alter. Früher wurde davon ausgegangen, dass der Hauptbestandteil die unterschiedlichen Formen des Copings, also Bewältigungsstrategien, sind. Heute gehen wir eher davon aus, dass Menschen grundsätzlich auf gleiche Situationen unterschiedlich reagieren.

Durch die Bonner Längsschnittstudie zum Beispiel, konnte gezeigt werden, dass in Bedingtheit der entsprechenden Ausgangsbasis die Gegenüberstellung mit familiären, finanziellen und gesundheitlichen Belastungen im Alter sehr individuelle Reaktionen gezeigt haben, diese unterliegen allerdings nur minimalen Abwandlungen mit dem Alter. Wir können festhalten, dass Menschen, die auch in jungen Jahren eher zu psychischen Auffälligkeiten neigen, dies auch im fortgeschrittenen Alter tun.

Resilienz

Bei der Resilienz handelt es sich um die Begabung, Krisen zu überstehen. Das Ziel ist dabei: Das privat und sozial übertragene Inventar als Impuls für eine Weiterentwicklung zu nutzen. Die Entwicklung von Gesundheit, Beständigkeit, Bewältigungsstrategien und Selbsterhaltung sind mit der Resilienz verwandt. Resilienz wird in der Medizin auch die Aufrechterhaltung beziehungsweise schnelle Rekonstruktion der psychischen Gesundheit genannt, zwischen oder nach stressigen Lebensverhältnissen und wird als Summe der Abstimmung an Stressoren definiert.

Im Laufe der Zeit hat sich der Begriff Resilienz etwas geändert. Damals bedeutete Resilienz eine einzigartige Eigenschaft von Menschen, vor allem Kindern, die ihre psychische Gesundheit aufrechterhalten konnten, trotz Bedingungen, an denen andere zerbrochen wären. Damals wurden oft Merke der Lebensführung miteinbezogen, um ein Kind als resilient zu bezeichnen.

Kinder, die zum Beispiel trotz Armut oder Flüchtlingssituation später einen qualifizierten Beruf ausübten, psychisch unauffällig waren und nicht in Konflikt mit dem Gesetz kamen, wurden als resilient definiert. Mit der Erkenntnis, dass psychische Resilienz nicht nur in extremen Situationen, sondern auch in allen Phasen des Lebens von Vorteil ist, wurde der Begriff dann ausgeweitet. Mittlerweile wird auch bei Menschen, die zum Beispiel mit Belastungen in der Arbeitswelt angemessen umgehen und somit ihr psychisches Wohlbefinden erhalten, dieser Begriff verwendet.

Ursprünglich wurden also Menschen, die zum Beispiel eine schwere Krankheit, lange Arbeitslosigkeit, Verlust von einem nahestehenden Menschen oder Ähnliches ohne anhaltende Beeinträchtigung durch–stehen, als resilient bezeichnet. Auch heute ist diese Verwendung noch sehr häufig, so zum Beispiel bei Kindern, die in einem Umfeld mit Risikofaktoren wie Armut, Gewalt oder Drogenkonsum aufgewachsen sind, aber dennoch im

Erwachsenenleben eine erfolgreiche Lebensweise führen. Diese Personen haben gelernt, dass sie über ihr Schicksal selbst bestimmen können, die sogenannte interne Kontrollüberzeugung. Diese Menschen vertrauen in ihre Fähigkeiten und sind davon überzeugt, ihr Schicksal selbst in der Hand zu halten.

Ebenso werden Menschen, die ein Trauma durchleben mussten, wie beispielsweise Vergewaltigung oder ein Kriegserlebnis, und nicht aufgeben, sondern lernen weiterzumachen, als resilient bezeichnet.

Heutzutage werden in der Persönlichkeitspsychologie auch Personen als widerstandsfähig bezeichnet, die eines der häufigsten Big-Five-Persönlichkeitsprofile mit niedrigem Neurotizismus–Wert und überdurchschnittlichen Punkten in den übrigen vier Profilen erreichen.

Vulnerabilität ist der Gegensatz von Resilienz. Dies bedeutet, dass einige Menschen durch äußere Einflüsse besonders leicht verletzbar sind. Sie sind besonders anfällig für psychische Erkrankungen.

GESCHICHTE

In den Jahren um 1950 wurde dieser Begriff von Jack B., einem Psychologen, in die Psychologie gebracht. Die Resilienz wird allerdings oft mit Wissenschaftlerin Emmy W. und ihrer Kollegin Ruth S. in Verbindung gebracht. In einer der Studien zur Angelegenheit der Widerstandskraft hat Emmy Werner eine Erkenntnis über die Kinder der Insel Kauai dargelegt. Es wurden fast 700 Kinder aus beschwerlichen Lebensverhältnissen, die im Jahr 1955 geboren wurden, vom Tag der Geburt an über 40 Jahre betrachtet und geprüft. Obwohl sich die Resilienz im Verlauf der Zeit und unter unterschiedlichen Bedingungen der Umwelt veränderte, wuchsen ein Drittel der Kinder zu lebenstüchtigen Erwachsene heran, trotz erschwerter Bedingungen. Dementsprechend zog Werner den Schluss daraus, dass Widerstandskraft erlernbar ist. Ihr Modell war jedoch nicht das erste zu diesem Thema.

Bereits im Buch *„The children of Kauai“* weist sie auf weitere Studien zum selben Thema hin.

Weil Norman Garmezy in den 1960er Jahren herausfand, dass sich einige Kinder mit schizophrenen Eltern trotzdem zu erfolgreichen und glücklichen Erwachsenen entwickelten, wird er oft als „Großvater der Resilienztherorie“ betitelt. An der Akademie von Minnesota führte seine enge Mitarbeiterin Ann Masten seine Arbeit fort. Von ihr wurde die Resilienz als „gewöhnliche Magie“ bezeichnet. Sie war der Meinung, dass wir in einem Maß reprogrammierbar sind und dass wir dynamische Systeme sind, die sich verändern können.

Glen Elder, der US–amerikanische Soziologe und Psychologe, stellte fest, dass viele Kinder in den USA der Armut in der 1930er Jahren entkommen sind. Die Resilienz unterstützen und fördern kulturelle Faktoren und gute familiäre Beziehungen. Boris Cyrulnik, ein französischer Neurologe, Psychiater und Ethologe, Louis H. Seukwa, der kamerunische Erziehungswissenschaftler, Corina W., eine Pädagogin, und viele weitere beschäftigten sich mit der Resilienz. International an Bedeutung gewonnen hat das Forschungsthema Migration und Resilienz erst etwa im Jahre 2000.

BESTIMMUNGSFAKTOREN

Es gibt natürlich wesentliche Faktoren, die eine Resilienz beeinflussen, wie zum Beispiel personale Faktoren, Prozessfaktoren und Umwelteinflüsse. Zu den Umweltfaktoren zählen die Unterstützung der Familie, das soziale Umfeld, die schulische Umgebung, die eigene Kultur und die Gemeinschaft. Kognitive Faktoren, wie Intelligenz oder Sinngebungs– und Deutungsmodelle der Wirklichkeit, Religiosität sowie emotionale, also die Fähigkeit, Handlungen und Emotionen zu beherrschen, die Offenheit für Ungewissheit, die eigene Selbstwirksamkeitserwartung, die Begabung, Beziehungen aktiv zu gestalten, oder die aktive Ansicht zu Problemen, beeinflussen die Resilienz.

Unter anderem gehören auch die wahrgenommenen Ansichten, die Konzentrierung aller Energien auf das zu Überstehende und die dabei entwickelten Strategien sowie die Akzeptanz des Unveränderbaren zu den Prozessfaktoren. Als besonders resilient erweisen sich einige Gruppen von Menschen in unterschiedlichster Hinsicht. In der Regel sind das jene, die eine kräftige Stabilität haben, von der Mehrheit der Menschen aus dem Team geteilt werden, eher kollektivistisch als individuell ausgerichtet sind und sich durch starke Anteile auszeichnen.

Die Entstehung von Resilienz ist sequenziell interpretierbar. Eine Situation, die Resilienz fördernd ist, kann wiederum in sonstigen Momenten hinderlich für die Fortentwicklung von Resilienz sein. Eine ambivalente Funktion für die Entwicklung spielt die Armut. Positive Anpassungsleistungen bedeuten, dass Menschen auch aus schwierigen Situationen gestärkt hervorgehen und gute Strategien im Bereich der Verdrängung, Vermeidung und Selbstberuhigung entwickelt haben.

MAO–A Gen

Für die Anfälligkeit für Vulnerabilität gibt es Hinweise, dass sich nach Misshandlungen dissoziale Anzeichen aufbauen, die nicht nur auf die Last selbst zurückzuführen sind, sondern auch durch erbliche Beschaffenheit geprägt werden können. Laut einiger Studien haben Jungen mit X-chromosomal vererbter geringer MAO-A-Aktivität, eine höhere Wahrscheinlichkeit nach traumatischen Erlebnissen im Laufe des Lebens, Verhaltensauffälligkeiten zu entwickeln. Weniger gefährdet sind Jungen, die diese genetische Variante nicht haben. Das Gebiet der Gen-Umwelt-Interaktion ist allerdings sehr komplex und erst sehr wenig erforscht. Das Gen für geringe MAO-A-Aktivität scheint vor allem auch bei Männern mit einem höheren Testosteron–Spiegel zu dissozialem Auftreten zu führen. Der Zusammenhang bei Männern mit einem eher niedrigen Testosteron–Spiegel ist geringer. Bei Männern, denen dieses Gen fehlt, führt ein erhöhter Testosteron–Spiegel allerdings nicht zu negativem Auftreten.

Familie

Der Unterschied zwischen einer resilienten Familie und einer nicht resilienten Familie ist beträchtlich.

- Häufiger haben Eltern von resilienten Kindern eine bessere Bildung als die Eltern von Kindern, die nicht resilient sind.

- Trotz Problemen sind Eltern von resilienten Kindern, freundlich, unterstützend, einfühlsam und nehmen am Leben ihrer Kinder Anteil.

- Auch sind Eltern von resilienten Kindern häufiger berufstätig. Auch schlecht bezahlte Berufstätigkeiten der Eltern stärken scheinbar die Fähigkeiten der Kinder.

- Oft haben resiliente Kinder weniger Geschwister als nicht-resiliente Kinder.

- Kinder, die resilient sind, wachsen seltener bei Alleinerziehenden auf als Kinder, die nicht resilient sind. Es scheint in Hinsicht auf die Entwicklung der Resilienz, schwieriger zu sein, nur bei der alleinerziehenden Mutter heranzuwachsen als bei dem alleinerziehenden Vater. Mädchen, die bei der alleinerziehenden Mutter aufwachsen, werden häufiger im Teenageralter schwanger, Jungen hingegen werden öfter drogensüchtig oder kriminell. Für Jungen scheint es wesentlich problematischer zu sein, ohne Vater aufzuwachsen als für Mädchen.

Es zeigt sich bei aller Vielfältigkeit und Kontextspezifik, dass eine anhaltende, feste Beziehung zu einer Vertrauensperson als ausschlaggebender protektiver Faktor gewertet werden kann. Resiliente Kinder, bei denen so eine private Vertrauensperson nicht existiert, bemühen sich oft, diese außerhalb der Familie zu finden. Aus diesem Grund suchen sie sich meist nach der Schulzeit eine „bessere“ Umgebung und verlassen das negative Umfeld.

Einen Mangel an Resilienz beobachtete Wendy Mogel vermehrt bei Kindern aus gut gestellten Mittelschichtsfamilien. Sie litten trotz ihrer Lebensbedingungen, wie gegenständlicher Wohlstand, liebevoller und engagierter Eltern, an vielen Ängsten, Befangenheit und Antriebshemmungen und erschienen unglücklich.

Bei der Vermittlung von Resilienz hält Wendy Mogel, Überbehütung in Verbindung mit unzureichender Wertevermittlung für die größten Stolpersteine.

Armut

Im Gegensatz zu Kindern, die besser gestellt aufwachsen, sind Kinder, die in Armut leben, mehr Gefahren und Enttäuschungen ausgesetzt. Unter anderem sind die Folge davon, schlechtere Leistungen in der Schule, kriminelle Auffälligkeiten oder Drogenabhängigkeit. Schizophrenie bei Erwachsenen oder ADS bei Kindern und Erwachsenen, treten dann ebenfalls häufiger auf.

Einige Wissenschaftler wie Emmy Werner, Haan, Elder, Toussing und Moriaty, Garmezy, Scarr sowie Nuechterlein kamen zu der Erkenntnis, dass von allen in Armut aufgewachsenen Kindern etwa bei zwei Drittel im Erwachsenenalter enorme Schwierigkeiten bestanden. Als resilient gilt dann das Drittel, auf das sich die Ärmlichkeit in dieser Studie nicht ausgewirkt hat. Laut einer Untersuchung der University of California wurde die Vermutung aufgestellt, dass Kinder von ärmeren Familien und jenen der Mittelschicht mehr Empathie zeigten als Kinder von wohlhabenden Familien. Da die entsprechenden Personen im Alltag wesentlich mehr auf die Kooperation mit den Mitmenschen angewiesen sind, entwickelten sie so eine bessere Fähigkeit zum Mitgefühl.

Migration

Eine große Rolle, neben der Resilienz- und Traumaforschung, hat die Flüchtlingswelle, die seit den 1990er Jahren in Afrika, Europa und dem Nahen Osten verzeichnet wird. Sie schließt individuelles und sozial verantwortliches Handeln mit ein. Gesundheitsvorsorge, intakte soziale Beziehungen und die Förderung der Gesundheit sind für die Widerstandskraft der Einwohner von Herkunftsländern von enormer Bedeutung.

Religion und andere ideologische Verpflichtungen

Nach der Verwüstung durch den Hurrikan Katrina in New Orleans wurde beispielsweise festgestellt, dass eine der ersten Nachbarschaften, die wiederaufgebaut worden ist, jene rund um die katholische *Mary Queen of Viet Nam Church* war.

Hierbei handelte es sich allerdings um eine der Nachbarschaften von New Orleans, die am ärmsten war. *Mary Queen of Viet Nam Community Development Corporation* hieß ein Konzept, das von der Kirche ins Leben gerufen wurde. Die Nachbarn halfen sich untereinander, ein neues Leben nach den Verwüstungen aufzubauen. So stellte sich die Frage, wieso die Bereitschaft, an diesem Konzept teilzunehmen, so groß war, obwohl sie selbst keinerlei Nutzen davon hatten.

Nachforschungen zeigten dann, dass eine eng verbundene gesellschaftliche Gemeinschaft mit dieser Kirche und dem dadurch gemeinsam gelebten Glauben als Kern bestand. Der Zulauf der katholischen Kirche führte zu einer starken Einbeziehung in soziale Netzwerke, die zum einen Unterstützungsleistungen boten und zum anderen auch Werte vermittelten.

Auch dem ideologischen Vertrauen junger Israelis wird eine resilienzsteigernde Wirkung nachgesagt. Ihre mögliche Traumatisierung durch politisch-militärische Befangenheit wird dadurch verhindert.

Genetische Einflüsse

Dass Resilienz-Eigenschaften zu 31 - 52 % genetisch bedingt sein können, fand man bei Zwillingsstudien in den Jahren 2008, 2012 und 2014 heraus. Eine Zwillingsstudie erforschte bei mehr als 1300 Familien mit 2600 Zwillingen mit Hilfe von Informationen der Eltern und der Kinder, die Erblichkeit von Widerstandsfähigkeit bei Heranwachsenden. Es wurde erkennbar, dass Unterschiede in der psychometrisch festgestellten Resilienz durch genetische Faktoren etwa zu 40 % beantwortbar seien. Die übrigen 60 % sind auf unterschiedliche Umweltfaktoren innerhalb eines Zwillingspaars zurückzuführen.

Kindliche Resilienz und deren Förderung

Kinder, die resilient sind, haben gewisse Eigenschaften im Gegensatz zu Kindern, die nicht resilient sind.

- Mädchen sind oft resilienter als Jungen, sie sind eher untypische Jungs, weil sie weniger aggressiv sind und zusätzlich zu anderen Mitmenschen mehr verbunden sind als Jungen, die nicht resilient sind.
- Tendenziell sind auch intelligente Kinder eher resilient, genauso wie Kinder, die häufiger bessere Schulleistungen bringen, als von ihrer Intelligenz zu erwarten wäre.
- Resilienten Kindern wird mehr Disziplin zugeschrieben, sie haben ihre Impulse besser unter Kontrolle.
- Kinder, die resilient sind, reagieren zustimmend auf Aufmerksamkeit. Sie sind anderen Personen zugewandt.
- Ebenfalls sprechen sie wahrscheinlicher über Gefühle.
- Sie sind kaum gewalttätig und vertrauensvoller.
- Gegensätzlich der Annahme, dass resiliente Kinder nicht sensibel sind, ist genau das Gegenteil der Fall, sie ersuchen eher andere um Hilfe und geben Schwächen zu.
- Sie haben eine realistische Einschätzung ihres Selbst und Vorstellungen von der Zukunft.
- Sie sind gesellschaftlich integrierter und sind bemüht, den Erwartungen der Erwachsenen gerecht zu werden.
- Sie sind interessierter an allerlei Dingen und Einfällen und stehen dem Lernen positiv gegenüber. Resiliente Kinder gehen im Normalfall gern zur Schule.

Laut Studien können die Eltern und größeren Geschwister dazu beisteuern, dass ein Kind resilient wird. Mit Familien, die aus den USA flüchteten, welche auch in Armut lebten und deren Eltern eine geringe Bildung hatten, beschäftigten sich Nathan Caplan und andere. Sie fanden heraus, dass die Mehrheit der Kinder eine Resilienz zeigte. Kinder, die aus Familien kamen, wo von den Eltern, (gleichwohl die Eltern keine gute Bildung hatten) wie auch den älteren Geschwistern viel Wert auf Ausbildung gelegt wurde und diese nicht nur als Mittel zum Zweck angesehen wurde, sondern als Zielsetzung, waren laut Untersuchungen emotional am stabilsten und schulisch am besten.

Vor allem, wenn Eltern ihren Kindern vorlasen, hatte das einen ganz besonderen Einfluss. Dies war in 45 % der Flüchtlingsfamilien der Fall, in welcher Sprache das Buch vorgelesen wurde spielte hierbei keine Rolle.

Vorlesen stärkt, laut Caplan und Choy, die emotionale Bindung zwischen den Eltern und den Kindern. Wenn Eltern sich nicht absondern, sondern aktiv Kontakt zu Gleichgesinnten suchen, in sozialen Gruppen zum Beispiel Verantwortung übernehmen, profitierten die Kinder daraus. Ebenfalls ist der Kontakt zu den Großeltern von Bedeutung. Kinder, die ohne Kontakt zu den Großeltern aufwachsen, sind häufiger vulnerabel. Studien zufolge ist es möglich, im schulischen Zusammenhang mit Unterstützung von verschiedenen Programmen, Resilienz zu fördern.

Hierzu zählen zum Beispiel das *Head Start*, dies ist ein Programm für kompensatorische Erziehung in den USA und das *Big-Brothers-Big-Sisters* Programm, ein 1:1 Mentoring Programm zur individuellen Förderung von Kindern und Jugendlichen. Beide Programme sind, laut Tierney und Werner, sehr ergebnisreich.

Sie verringern Lernprobleme der jüngeren Kinder sowie Drogensucht und Straffälligkeit bei Jugendlichen. Eine Studie untersuchte ein sogenanntes *Head Start Programm* und stellte fest, dass die Anzahl der Kinder im Alter von 15 Jahren, die gefördert wurden und dann die Klasse wiederholen musste, bei nur bei 30 % lag. Im Gegensatz zu der Kontrollgruppe mit 56 %. Der Anteil der Kinder, der eine Förderschule oder Ähnliches besuchte, lag bei 12 % zu 48 % der Kinder, die nicht gefördert wurden.

Ebenfalls bei der Unterstützung von Resilienz erwies sich die sogenannte Foster-Grandparent-Programm. Es bringt deprivierte Kinder und Jugendliche mit älteren Menschen in Kontakt. Die sogenannten "Foster-Großmütter" arbeiten mit jungen schwangeren Mädchen und ebenfalls mit ihren Säuglingen. Noch dazu helfen sie Kindergartenkindern bei Vorschulprogrammen, wie *Head Start.* Ebenfalls halfen sie Jugendlichen, die straffällig wurden, bei ihren Schularbeiten. Die freiwilligen Unterstützer kümmerten sich ebenfalls um gesundheitlich eingeschränkte Kinder in Kinderkliniken sowie um traumatisierte Flüchtlingskinder.

Bei Kleinkindern, die eine "Foster Großmutter" hatten, zeigten sich in ihrer sozialen und motorischen Entwicklung enorme Fortschritte. Die soziale Kompetenz und die Intelligenzentwicklung verbesserte sich bei Vorschulkindern und Schulkinder wiesen eine Verbesserung in der Fähigkeit beim Lesen und im Sozialverhalten auf. Darüber hinaus sollten Kinder die Möglichkeit haben, Verantwortung in Gruppen oder der Schule zu übernehmen. Kinder, die diese Möglichkeit haben, neigen minder zu abweichendem Verhalten.

7 Säulen der Resilienz

Bei der menschlichen Widerstandskraft unterscheiden Psychologen gewissermaßen 7 Teilbereiche, diese nennen sie die 7 Säulen der Resilienz. Umso mehr ein Mensch sich diese Besonderheit aneignen kann, umso besser können Krisen bewältigt werden.

1. Säule: Optimismus: Oft fällt es nicht leicht, in schweren Zeiten positiv zu bleiben. Dies kann als Notwehr angesehen werden, um sich nicht entmutigen zu lassen. „Am Ende ist alles gut. Ist es nicht gut, ist es nicht das Ende“ wie es bei Oscar Wilde hieß. Dieser Satz kann als Symbol des Optimismus genutzt werden. Selbst in trostlosesten Zeiten das Gute zu sehen, kann Wunder bewirken.

2. Säule: Akzeptanz: Hierzu gehört es, den Dingen ins Auge zu sehen. Die anstehenden Probleme in den Griff bekommen kann man erst, wenn man damit beginnt, sie zu akzeptieren. Das bedeutet, dass die Menschen ihre Ressourcen verschwenden, indem sie immer wieder über Dinge nachdenken, die sie selbst nicht ändern können.

3. Säule: Lösungsorientierung: Sie entwickelt sich aus positivem Denken und der Annahme, Persönlichkeiten, die resilient sind, lassen sich durch schwierige Situationen nur wenig aus der Ruhe bringen, sondern sehen sie als Herausforderung. Sie fragen sich nicht, warum es gerade sie trifft, sie fragen sich, was sie daraus machen können und wie sie aus dieser Gegebenheit möglichst unversehrt herauskommen. Das Geheimnis ist, in jeder noch so herausfordernden Situation, handlungsfähig zu bleiben.

4. Säule: Opferrolle verlassen: Menschen, die sich als Opfer sehen, fühlen sich ohnmächtig und allein gelassen. Verlassen diese Personen ihre Opferrolle, beginnen sie fast automatisch, sich damit zu befassen, welchen Anteil sie an dieser Situation zu verschulden haben. Sich selbst zu bedauern, verbaut den Weg nach vorn und wirkt selbstverletzend.

5. Säule: Verantwortung übernehmen: Eine falsche Strategie ist es, mit Reue zu kämpfen oder die Schuld daran anderen zu geben. Realistisch einzuschätzen, was man zur gegenwärtigen Krise selbst beigetragen hat, ist hier das Ziel. Die 6. Säule kann hier sehr hilfreich sein.

6. Säule: Netzwerke aufbauen: Enge Bindung einzugehen und sich anderen Menschen anzuvertrauen, kann das eigene Selbstbewusstsein steigern und hilfreich dabei sein, Krisen gelassener zu überstehen. Vielen Menschen kostet es eine Menge eigene Überwindung, andere um Hilfe zu bitten. Doch Freunde im Hintergrund, die immer hinter einem stehen, sorgen für innere Stärke. Einsamkeit dagegen kann zu stärkerem Rückzug führen.

7. Säule: Zukunftspläne: Die Devise „Planung ist das halbe Leben“ gilt bei der Resilienz ebenfalls. Um Probleme, mit denen man nicht gerechnet hat, leichter zu überstehen, ist ein vorausblickendes Krisenmanagement sehr hilfreich. Resiliente Personen denken bereits in glücklichen Zeiten darüber nach, was sie in Situationen wie einer Scheidung, schweren Erkrankung oder Verschuldung tun würden beziehungsweise tun könnten.

Niederlagen stärken den Charakter

Nicht immer verläuft das Leben wie geplant. Unser Leben wird begleitet von Erfolgen, aber auch von Misserfolgen. Dass jeder die innere Kraft hat, sich selbst aus diesen schwierigen Situationen herauszuholen, ist wichtig. Auch wenn man nicht von Anfang an resilient ist, kann man sich dies Stück für Stück aneignen. Um die eigene Widerstandskraft neu zu entzünden oder zu stabilisieren, können Resilienz-Trainings dazu beitragen. Das große Ziel der 7 Säulen ist, trotz enormer Belastungen psychisch gesund zu bleiben.

Psychische Störungen im Zusammenhang mit Resilienz

Der Zusammenhang zwischen hoher Widerstandskraft und geringem Risiko für das Auftreten einer PTBS nach einem katastrophalen Lebensereignis sind bisher gut erforscht. Eine hohe Resilienz, Hinweisen zufolge, kann vor einer Depression schützen beziehungsweise die Symptome mildern.

Die klinische Forschung in der Psychiatrie und Psychotherapie hat sich lange Zeit nur an den Symptomen orientiert, aber weniger auf die Prävention fokussiert. Oft haben Krankheiten wie Angststörungen, Depressionen oder Sucht eine lange Vorlaufzeit, in denen beständige Stresssituationen oder schwierige Lebensereignisse die Belastbarkeit der Seele von Betroffenen Stück für Stück kaputt macht. Ein präventives Resilienztraining könnte hier, rechtzeitig begonnen, die Entstehung einer Krankheit vorbeugen.

Volkskrankheiten sind auch in Einflüssen der Umwelt begründet, wie Lebensstilen, frühkindlichen Erfahrungen, Traumen, Erziehung und aktuellen Belastungen. Hier kann Resilienz nützlich sein, denn die Behandlung und die Bewältigung dieser Einschnitte kann psychotherapeutisch so trainiert werden, dass die häufigsten seelischen Folgestörungen nicht auftreten. Beispielhafte krankheitsvermeidende Strategien sind zum Beispiel Optimismus, Selbstwirksamkeit und Bewältigungskompetenzen.

Resilienz ist eine Fähigkeit, das scheint heute sicher zu sein. Diese kann jeder Mensch zu jeder Zeit in seinem Leben trainieren und aufbauen, unabhängig von der genetischen Veranlagung.

Vor allem geht es um viel versprechende psychologische Elemente, wie optimistisches Denken, und die Fähigkeit, flexibel auf die strapazierenden Lebensereignisse zu reagieren. Ob Sie mit einem Schicksal hadern und sich als hilfloses Opfer sehen oder ob Sie sich auf die Bewältigung konzentrieren und die Situation akzeptieren. Konzentrationsübungen und regelmäßige Meditation aus dem Zen-Buddhismus üben auf die geistigen Fähigkeiten und die innere Widerstandskraft eine positive Wirkung aus.

Seit einiger Zeit arbeiten fachübergreifende Neurowissenschaftler, Psychologen und Mediziner an der neurobiologischen Ergründung der Widerstandskraft, an der Johannes-Gutenberg-Universität in Mainz, im ersten Resilienz-Zentrum. Dabei ist die entscheidende Frage, welche Abläufe bestimmen, wie der Verstand eine gewisse Situation oder einen gewissen Reiz bewertet.

Das Resilienz-Zentrum hat deshalb mehrere Langzeitstudien durchgeführt. Eine breit angelegte Studie, die Gutenberg Brain Study, bei der 5000 Testpersonen verschiedenster Bevölkerungsschichten neurobiologisch untersucht werden.

Die Kernfrage, ob durch Resilienztraining der Abbau kognitiver Fähigkeiten im Alter verhindert oder verlangsamt werden kann, ist der Schwerpunkt dieser Studie. 5000 Studenten sollen über einige Jahre hinweg begleitet werden, um die Effekte auf die seelische Gesundheit und die Stressfaktoren, denen sie im Laufe der Zeit ausgeliefert sind, zu erfassen.

Vor allem im Arbeitsleben spielt das Thema Resilienz eine wichtige Rolle, denn gerade hier ist die Gefahr nicht zu unterschätzen, durch ständige Überforderung, in einen Kreis aus anhaltendem Stress und der damit verbundenen Gefährdung einer psychischen Erkrankung zu geraten. „Die Pfalz macht dich stark–Wege zur Resilienz“, so nennt sich eine engagierte

Initiative, die es sich zur Aufgabe gemacht hat, dass Unternehmer für gesunde Arbeitsweisen und positive Umweltfaktoren sorgen. Die Initiative geht davon aus, dass Resilienz nicht nur ein Produkt des Einzelnen ist, sondern auf allen gesellschaftlichen Ebenen stattfinden muss. „In Unternehmen, Gemeinden und Schulen sollte die seelische Gesundheit gefördert werden und Handlungen miteinander vernetzt", findet Paul Bomke.

Experten aus Arbeitsmedizin und Gesundheits- sowie Sozialpolitik suchen nach Wegen, wie sie das Gesundheitssystem in der Pfalz nachhaltig in Richtung Prävention entwickeln können, dafür arbeiten sie eng mit zwischenstaatlichen Aktionsgruppen zusammen. Das Ziel ist eine resiliente Pfalz im Jahr 2015, bei dem die seelische Gesundheit bei Bürgern, Unternehmen und Politikern auf der Tagesordnung ganz oben steht.

Grenzen der Resilienz

Resiliente Personen haben die Fähigkeit, ihre Alternativen dort zu erfassen, wo sie sich anbieten. Jedoch sind selbst resiliente Personen in gewissen Situationen machtlos, wie zum Beispiel in einer wirtschaftlichen Dauerkrise. Im Hinblick auf die Auswirkungen der Großen Depression in den Zeiten nach 1929 warnte Elder: *„Nicht einmal großes Talent und Fleiß gewährleisten des Besiegen von Widrigkeiten, wenn die Gelegenheit fehlt."*

In der omnipräsenten Anwendung des Begriffs „resilient" sehen Kritiker wie Klaus Ottomeyer oder Thomas von Freyberg eine Anspielung auf Entwicklungen zur Individuallösung sozialer Risiken und Privatisierung gesellschaftlicher Moral. Ottomeyer spricht hier sogar vom „Neoliberalismus in der Psychotherapie", also einer Form des Wirtschaftsliberalismus, die nach den besten Bedingungen für funktionierende Märkte sucht. Kritiker sind der Meinung, dass die Resilienz den Menschen ein Wundermittel gegen Krisen und Komplikationen aller Art einreden würde. Das Problem wird allerdings nicht in der Stärkung der Resilienz von Individuen und der Beihilfe von Personen gesehen, sondern die nach sich ziehende Tendenz, rabiate Beziehungen als gegeben anzunehmen und nur zu lernen damit umzugehen, anstelle es zu ändern. Eine weitere Kritik ist die, dass angenommen wird, dass eine erhöhte Aufmerksamkeit des Themas Resilienz dazu führt, dass nichts gegen Belastungen unternommen wird, weil davon ausgegangen wird, dass die Menschen einfach nur abgehärtet werden sollten.

Somit treten Veränderungen und Bekämpfungen der bestehenden oder noch kommenden Probleme und deren Ursachen in den Hintergrund. Prekäre oder gewaltvolle Verhältnisse, die potenziell zu einem Trauma führen können, werden somit stabilisiert anstatt bekämpft. Marc Neocleous, der Professor für politische Theorie, rief sogar zur Gegenwehr gegen die Resilienzbegeisterung auf. Er ist der Meinung, dass uns die Sprache der Resilienz auf den Krieg vorbereitet. Ebenso sagt er, dass das Gerede von der seelischen Widerstandskraft eine „Kultur des Vorbereitetseins auf die Katastrophe“, sei.

Die Psyche – Ort des Fühlens und Denkens

Im Normalfall haben Menschen die Begabung zur Selbstreflexion. Es ist wichtig für die Erhaltung eines gesunden Verstandes. Leider sind wir nicht immer in der Lage, diese Reflexionen zu bewerkstelligen. Der Grund dafür kann eine psychische Erkrankung sein. Die menschliche Psyche speichert alle Erfahrungen und Erinnerungen ab und verarbeitet sie. Sie kann aber auch Erfahrungen verdrehen, um somit verbundene Ängste und Stresssituationen zu bewältigen.

Die Psyche des Menschen ist sehr vielfältig und komplex. Weil jeder Mensch ein Individuum ist, sieht auch das Innenleben bei jedem anders aus. Doch einige Symptome in Verbindung mit einer psychischen Erkrankung können sich gleich äußern und sind auch medizinisch bekannt. Um eine typische psychische Störung als Krankheit zu erkennen, ist eine genaue Eigenbeobachtung erforderlich. Eine Ausnahme zeigt sich, wenn durch diese Störung andere Menschen darauf aufmerksam oder sogar mit involviert werden. In der Medizin gibt es verschiedene Definitionen. Diese haben alle etwas gemeinsam: Es geht um das Innere des Menschen. Unter den meistgebrauchten Definitionen der Psyche versteht man einen Zusammenhang mehrerer Bestandteile:

1. Bewusstsein
2. Denken
3. Wahrnehmen
4. Antrieb
5. Affekt
6. Gedächtnis
7. Aufmerksamkeit
8. Ich–Bewusstsein

Für die eigene Fortentwicklung der Psyche ist ein gesundes Bewusstsein wichtig. Die Psyche des Menschen ist für die geistigen Anlagen verantwortlich. Die Begabung, Entscheidungen zu treffen, die sprachlichen Fähigkeiten und das Denkvermögen gehören dazu. Eine psychische Erkrankung hat im Leben des Betroffenen oft starken Einfluss auf das gesundheitliche Wohlbefinden. Eine krankhafte Veränderung der Empfindung, des Selbstbildes, des Fühlens aber auch des Denkens kann die Folge einer seelischen oder psychischen Erkrankung sein. Folgend erkläre ich Ihnen die signifikantesten und die am weitesten verbreiteten psychischen Erkrankungen.

ANGSTSTÖRUNGEN

Angst hat jeder Mensch und das ist ein Schutzmechanismus. Wenn wir Angst empfinden, schüttet unser Körper das Hormon Adrenalin aus. Dieser Vorgang dient dazu, dass wir rascher und besser in einer Situation reagieren können. Von einer Angststörung spricht man erst, wenn eine Kampf– oder Fluchtreaktion unangemessen ist.

Angst äußert sich im ganzen Körper. Das Herz pocht, die Hände schwitzen und die Augen sind geweitet.

Wenn allerdings die Psyche eine Angstsituationen nicht richtig verarbeiten beziehungsweise deuten kann, spricht man von einer Störung. Dann treten Ängste auf, ohne dass eine reale Gefahr besteht. Dieser Zustand entwickelt sich dann zu einer Phobie. In der Diagnostik unterscheidet man: Generalisierte Angststörung, Soziale Angststörung, Panikstörung, Phobie, Posttraumatische Belastungsstörung, Zwangsstörung, Körperdysmorphie (BDD), Perinatale Angstzustände und Angst vor Kontrollverlust.

Generalisierte Angststörung

Regelmäßige und teilweise unkontrollierbare Angstzustände in alltäg–lichen und unterschiedlichen Situationen. Diese Störung kann viele der unten aufgeführten Symptome aufweisen. Die meisten Betroffenen entwickeln ein Vermeidungsverhalten und versuchen somit, den Dingen oder

Situationen aus dem Weg zu gehen.

Fallbeispiel: Erika W. bekommt Angstzustände in überfüllten Bussen, noch bevor sie überhaupt einen Bus betritt, leidet sie unter Schweißausbrüchen, weichen Knien und Schwindel. Frau W. versucht so oft es geht, Busfahren zu vermeiden und geht teilweise zu Fuß, auch wenn die Strecke sehr weit ist.

Soziale Angststörung

Angstzustände oder Ängste im Zusammenhang mit sozialen Situationen. Diese Störung ist unter dem Begriff „Soziale Phobie" bekannt.

Fallbeispiel: Helmut M. soll einen Vortrag über „ Arbeitsschutzmaßnahmen" in seiner Firma halten, vor allen Kollegen. Bereits im Vorfeld bekommt er Schweißausbrüche und weiche Knie. Während des Vortrages, leidet er an Atemnot und ihm ist es kaum möglich, deutlich und flüssig zu sprechen.

Panikstörung

Regelmäßige oder häufig auftretende Panikattacken ohne erkennbaren Grund.

Fallbeispiel: Hier kann gut eine Verbindung zum Fallbeispiel „Generalisierte Angststörung" hergestellt werden. Frau W. weiß, dass das Fahren im überfüllten Bus eine Panikattacke auslösen kann. Bevor eine solche Situation überhaupt eintritt, reagiert ihr Körper schon.

Phobien

Angst vor bestimmten Situationen oder Objekten. Handelt es sich um ein Objekt, wird der Objektname im Lateinischen oder Altgriechischen vor den Namen gestellt: Kynophobie = Angst vor Hunden. Eine Phobie muss keinen erkennbaren Auslöser haben. Viele Menschen haben Angst vor großen Spinnen, auch wenn diese ihnen noch nie etwas getan haben.

Fallbeispiel: Lisa G. wurde als kleines Mädchen von einem Hund gebissen und hat seither Angst vor Hunden, egal, wie groß diese sind. Wenn ihr nur ein Hund auf der Straße begegnet, bekommt sie Herzrasen und geweitete Augen. Der gesamte Körper ist in Alarmbereitschaft und sie ist bereit, im Ernstfall wegzulaufen.

Posttraumatische Belastungsstörung

Meistens treten Ängste und oder Panikstörungen nach einem traumatischen Erlebnis oder einer schweren Erkrankung auf. Die Symptome können teilweise auch erst nach mehreren Wochen oder Monaten auftreten. PTBS ist gekennzeichnet durch Albträume und Flashbacks. Alle Ängste, welche während des tatsächlichen Ereignisses stattgefunden haben, werden immer wieder durchlebt. Der Betroffene durchlebt immer wieder das Erlebte.

Fallbeispiel: Stefan D. ist Soldat bei der Bundeswehr. Er kehrt aus einem mehrmonatigen Auslandseinsatz zurück. Die ersten Wochen verlaufen normal und er erholt sich zuhause langsam von seinem Einsatz. Doch nach drei Wochen fällt es ihm zunehmend schwerer einzuschlafen und er hat ständig Bilder von angeschossenen Zivilisten im Kopf und Alpträume.

Zwangsstörungen

Verhaltensweisen, Triebe oder sich ständig wiederholende Gedanken, die nicht durch andere Gedanken verdrängt werden können.

Fallbeispiel: Konrad V. kontrolliert die Herdplatten, bevor er das Haus verlässt immer wieder aufs Neue. Er ist sich darüber bewusst, dass einmal kontrollieren reichen würde, was ihn aber nicht davon abhält, diese Zwangshandlung auszuführen. Ein anderes Beispiel sind Personen, die öfter hintereinander die Haustüre absperren, auch wenn sie wissen, dass sie diese bereits abgeschlossen haben.

Körperdysmorphie

Wahnvorstellungen und Zwänge in Bezug auf das eigene Erscheinungsbild und/oder den Körper.

> ***Fallbeispiel:*** Die 16-jährige Nina D. leidet seit dem 14. Lebensjahr an Magersucht und hat ein Körpergewicht unter den Normalwert. Sie hat große Angst davor zuzunehmen und fühlt sich zu dick. In ihrer Vorstellung denkt sie, von allen angestarrt zu werden, weil sie zu dick ist.

Perinatale Angstzustände

Ängste und Panikstörungen in der Schwangerschaft und das erste Jahr danach. Auslöser dieser Störung können einer hormonellen Umstellung des Körpers geschuldet sein.

> ***Fallbeispiel:*** Jasmin F. ist im ersten Schwangerschaftsdrittel. Sie hat große Angst, ihr Kind, aufgrund einer Fehlgeburt in der vorherigen Schwangerschaft, zu verlieren. Ständig geht sie unter einen Vorwand zum Gynäkologen, um sich untersuchen zu lassen, damit ihr der Arzt sagt, dass alles gut ist. Diese Bestätigung hält allerdings nur kurz an.

Die oben aufgeführten Störungen, können einzeln als auch zusammen auftreten.

> **Häufige Symptome sind:**
>
> - Schweißausbrüche
> - Erstickungsgefühle
> - Schwindel
> - Geweitete Augen
> - Herzrasen
> - Übelkeit
> - weiche Knie

Die Gründe beziehungsweise die Auslöser einer Angststörung können bei jeder Person unterschiedlich sein. Auslöser dafür sind meist nur schwer herauszufinden. Einige Phobien oder Ängste sind auf Tiere zurückzuführen. Es gibt Personen, die Angst vor Spinnen oder Hunden haben, auch wenn diese ihnen nie etwas getan haben. Allerdings kann eine Angst vor Hunden auch durch einen Biss in der Kindheit ausgelöst worden sein. Zahlreiche Charaktere haben auch Angst vor einer Prüfung oder einem Vortrag. Ob sich bei einem Menschen die Angst in einer übersteigerten Form äußert, bestimmt ein Zusammenspiel aus psychologischen und neurobiologischen Faktoren.

Ausgenommen von einer Depression, ist die Angststörung die am weitesten verbreitete psychische Erkrankung. Sie kann so weit gehen, dass Betroffene alltägliche Dinge im Leben, wie einkaufen oder zur Arbeit zu gehen, nicht mehr bewältigen können. Auch plötzliche Panikattacken können ohne ersichtlichen Grund auftreten. Diese Panikattacken können ein Grund dafür sein, dass ein Betroffener gewisse Situationen von vornherein meidet, um keine Panikattacke zu bekommen.

BIPOLARE STÖRUNG

Menschen, die an einer psychischen Störung leiden, pendeln zwischen zwei Polen hin und her. Die Störung besteht daraus, dass es eine manische Phase gibt, in der die Betroffenen „himmelhoch jauchzend" sind und eine depressive Phase, in der sie „zu Tode betrübt sind". Beide Phasen wechseln sich ab, eine gesunde Mitte gibt es nicht. Diese drückt sich in Euphorie aus und führt bei dem Betroffenen zur Hochstimmung und zu Tatendrang.

In der Phase der Hochstimmung kann es passieren, dass Betroffene bereit sind, enorme Risiken einzugehen. So kann es passieren, dass sich der Betroffene in Situationen begibt, die mit einem gewissen Risiko behaftet sind. Sowohl die depressive Phase als auch die Phase der Manie sind äußerst schädlich für die Gesundheit. Zur Behandlung dieser Störung sollte der Betroffene sich Hilfe bei einem Psychologen oder Psychiater suchen. Oft wird die Behandlung in Kombination mit Therapiestunden und Medikamenten durchgeführt. Ziel der Therapie ist es, dass der Patient lernt, mit seiner Angst umzugehen. Ungefähr zwei Millionen Menschen in Deutschland leiden an einer bipolaren Störung. Am gesellschaftlichen Leben teilnehmen oder alltägliche Situationen meistern, ist für Menschen mit einer bipolaren Störung nicht möglich.

Diese Krankheit ist nur schwer heilbar, es ist aber möglich zu lernen, damit umzugehen. Kann die Ursache dafür aufgedeckt werden, ist dies förderlich für den Umgang mit dieser Störung. Viele Forscher gehen davon aus, dass diese Störung aus einem Zusammenspiel von sozialen, psychischen und biologischen Faktoren entsteht. Man nennt dies dann genetische Vulnerabilität, die Betroffenen haben genetisch eine höhere Wahrscheinlichkeit daran zu erkranken. Symptome einer bipolaren Störung sind unter anderem:

Energielosigkeit, Niedergeschlagenheit, Selbstzweifel, vermehrtes Denken, Schlafstörungen, Interessenlosigkeit, vermin-dertes Leistungsvermögen, Konzentrationsschwierigkeiten, Reizbarkeit, Unruhe und vermindertes sexuelles Interesse.

Diese Störung wird in verschiedene Formen unterschieden:

- **Bipolar-I-Störung (BP-I):** Auftretende düstere und übereifrige Phasen im Wechsel (ICD-10:F30 und F31)

- **Zyklothymia:** Auftretende düstere und übereifrige Phasen in stark abgeschwächter Form, aber ebenfalls im Wechsel (ICD-10: F34.0)

Besondere Formen:

- **Gemischte/missgestimmte Manie (ICD 10:F31.6)**

- **Bipolar I-Störung:** Auftreten düsterer und übereifriger Symptome gleichzeitig

- **Rapid cycling (ICD 10: F31.8):** Im Jahr mindestens 4 Phasen (in ca. 20%

der Fälle)

- **Ultrarapid cycling (ICD 10: F31.8)**: Wechsel der Phasen innerhalb von Tagen oder Wochen, mehr als 4 pro Monat
- **Ultradian cycling (ICD 10: F31.8):** Wechsel der Phasen innerhalb eines Tages, mehr als 4 Tage in der Woche

Zur Diagnose müssen mindestens drei der Merkmale vorliegen:

Manie	**Hypomanie**
Gesteigerte Aktivität	Gesteigerte Aktivität
Ruhelosigkeit	Gesprächigkeit
Rededrang	Unruhe
Gedankenrasen	Konzentrationsschwierigkeiten
Ideenflucht	Ablenkbarkeit
Verlust sozialer Hemmungen	Libidosteigerung
Vermindertes Schlafbedürfnis	Vermindertes Schlafbedürfnis
Überhöhte Selbsteinschätzung	Leichtsinniges Verhalten
Häufiger Aktivitätswechsel	Gesteigerte Geselligkeit
Rücksichtsloses Verhalten	
Gesteigerte Libido	

Depression

Bei einer bipolaren Störung entsprechen die Symptome einer Depression, weitgehend der einer unipolaren Depression. Schlagartige Entstehung und Beendigung der depressiven Phasen ebenso wie auch sogenannte atypische Symptome wie Hypersomnie, vermehrter Appetit, Reizbarkeit sind eher für eine „bipolare Depression“ typisch.

Psychologische und biologische Zusammenhänge
Die Zusammenhänge der bipolaren Störung sind noch weitgehend unbekannt. Belegt wurde mittlerweile aber ein hohes genetisches Risiko, wie auch die genetische Nähe zwischen bipolaren Störungen zu schizophrenen und schizoaffektiven Psychosen.

Genetische Ursachen: An der Entstehung einer bipolaren Störung sind genetische Elemente beteiligt, dies wurde aus einer Familien- und Zwillingsstudie bekannt. Kinder, die mit einem erkrankten Elternteil aufwachsen, haben eine zehnprozentige Wahrscheinlichkeit manisch-depressiv zu werden. Die Erkrankungswahrscheinlichkeit steigt auf bis zu 50 %, wenn beide Elternteile an einer bipolaren Störung erkrankt sind.

Neurotransmitter: Vermutet wird ein Ungleichgewicht der Aktivität der Botenstoffe, vor allem Noradrenalin und Dopamin, im zentralen Nervensystem. Diskutiert wird auch eine Störung des zellulären Kalziumstoffwechsels in den Neuronen.

Somatische und psychosoziale Faktoren: Während der ersten Episoden und Manien sind meist noch keine erkennbaren Auslöser zu sehen. Später zeigen sich bei depressiven Episoden häufig Belastungen als Auslöser dieser depressiven Phase. Hormonelle Umstellungen sowie schwere körperliche Krankheiten können das Risiko für eine bipolare Störung (Episode) erhöhen.

Medikamente: Je nach Veranlagung führen Drogen und Medikamente, zum Beispiel Cortison, Antiparkinsonmedikamente, Methylphenidat, Alkohol, LSD, Marihuana und Kokain zu diesen Zuständen.

Fakten

- Über die Hälfte der Patienten bekommen zu Anfang keine oder die falsche Diagnose.

- Bis zur richtigen Diagnose vergehen im Schnitt 10 Jahre.
- Etwa 2 – 3 % der Menschheit entwickeln eine bipolare Störung.

BURNOUT-SYNDROM

Man nennt es auch die Managerkrankheit. Erstmals wurde dieses Phänomen im Jahre 1974 von dem amerikanischen Psychotherapeuten Herbert J. Freudenberger beschrieben. Anfangs wurde dieses Problem bei Menschen in Sozialberufen gesehen. Bei kontinuierlichem Stress kommt es im weiterem Stadium zu einem tiefen Erschöpfungszustand. Diversen Umfragen zufolge erfüllen heutzutage bis zu ein Drittel der arbeitenden Bevölkerung die Kriterien von Burnout oder einer Vorstufe davon. Um es als Krankheit diagnostizieren zu können, ist die zeitliche Phase, über die sich dieser Zustand erstreckt, bedeutend. Leidet ein Mensch unter dem Burnout-Syndrom sind folgende Symptome erkennbar:

- Depression
- Schlaflosigkeit
- Drogenabhängigkeit

Medizinern zufolge zeigt sich ein Burnout auf Basis einer Depression. Es darf aber nicht mit der Depression gleichgesetzt werden. Betroffene müssen medizinisch behandelt werden, damit der Körper diesen Zustand der Erschöpfung auskurieren kann.

Die Grundpfeiler der menschlichen Gesundheit sind essen und schlafen. Nicht nur Mitarbeiter im Management können an dieser psychischen Störung erkranken, auch immer mehr jüngere Menschen erleiden einen Burnout. Der Stress in der Schule oder dem Studium nimmt stetig zu. Ob Sie an einem Burnout erkranken, hängt stark davon ab, wie Sie mit Belastungen und sich selbst umgehen. Untersuchungen zeigen, dass folgende Persönlichkeitsstile mit einem erhöhten Risiko verbunden sind:

- Perfektionistische Einstellungen
- Geringe Kompetenzerwartung
- Ein sehr ausgeprägtes Harmoniebedürfnis
- Eine Externale Kontrollüberzeugung

Fallbeispiel: Anne B. leidet seit Jahren an depressiven Episoden. Seit einigen Tagen fühlt sie sich lebendiger denn je und nimmt sich vor, ihre gesamte Wohnung zu renovieren. Ihr fallen immer mehr Ideen ein, ihr Vorhaben umzusetzen. Sie kauft Farben und andere Materialien. Sie ist der festen Überzeugung, alles komplett allein renovieren zu können und wird von einer ständigen Euphorie begleitet, ohne genau zu wissen warum. Ihr Schlafbedürfnis ist soweit herabgesetzt, dass sie weniger als drei Stunden täglich schläft und ständig von der Idee getrieben wird, aus ihrer Wohnung einen Luxustempel machen zu müssen. Anne B. investiert viel Geld in ihr Projekt und belastet ihr Girokonto bis zum Limit. Sie fängt an, auf Raten zu kaufen und hat in kürzester Zeit keinen Überblick mehr über ihre Finanzen. Der Schlafentzug und ihre ständige Rastlosigkeit bringen ihren Körper an seine Grenzen. Somit bricht sie nach drei Wochen zusammen. Die Wohnung war eine einzige Baustelle, denn Anne B. hat in jedem Raum angefangen und ihre Arbeit dann unterbrochen, da ihr wieder etwas Neues einfiel. In der Klinik bekam sie stimmungsstabilisierende Medikamente und erholte sich weitestgehend wieder. Die finanziellen Schulden sind ihr allerdings geblieben. Um sich von einem Burnout zu erholen, können Wochen und sogar Jahre vergehen.

PERSÖNLICHKEITSSTÖRUNGEN

Die Persönlichkeit eines jeden Menschen ist anders. Manche Menschen steigern sich zu sehr in bestimmte menschliche Eigenschaften und verhindern somit, ein normales Leben führen zu können. Sie können zu hysterisch oder zu misstrauisch sein, was sich zum Beispiel in einer Partnerschaft sehr deutlich in Eifersucht äußern kann. Ebenfalls fällt ein starkes

Vermeidungsverhalten unter eine Persönlichkeitsstörung.

Die menschlichen Eigenschaften sind tief in unserer Psyche verwurzelt und Betroffene schränken sich und manchmal auch andere deutlich ein. Sie reagieren in bestimmten Situationen nicht in einem gesunden Maß. Einige Persönlichkeitsstörungen sind:

Borderline

Diese Störung beschreibt eine instabile Persönlichkeit. Sie äußert sich in Angst vor Einsamkeit, Störung der Identität, schwerer Depression und wechselhaften Beziehungen und ist deshalb sehr komplex.

Bei Menschen mit Borderline ist die Schwelle des Schmerzempfindens deutlich geringer als bei einer Person, die psychisch gesund ist. An Borderline erkrankte Personen, haben somit kaum ein körperliches Schmerzgefühl. Betroffene erleben einen enorm hohen Anspannungszustand. Nur aus diesem Grund wird die Schmerzschwelle herabgesetzt. Diese Anspannungszustände entstehen durch Flashbacks oder bestimmte Trigger. Missbrauch oder emotionale Vernachlässigung können Ursachen dafür sein. Ein Mensch, der an Borderline erkrankt ist, durchlebt schreckliche Ereignisse immer wieder aufs Neue. Aus diesem Grund fangen Betroffene an, sich selbst Schaden zuzufügen, beispielsweise:

- Mit einem scharfen Gegenstand, sich selbst zu verletzen
- Konsum von Drogen
- Tätigkeiten mit gravierenden gesundheitlichen Folgen

Im schlimmsten Fall kann dieser Anspannungszustand so extrem werden, dass Betroffene Suizidgedanken entwickeln oder sogar einen Suizidversuch unternehmen.

Fallbeispiel: Diana N. hat eine heftige Auseinandersetzung mit ihrem Freund. Sie ist wütend und wird ihm gegenüber sogar handgreiflich. Er verlässt darauf ihre Wohnung und droht mit Trennung. Diana fühlt sich verlassen und hat Angst ihren Freund zu verlieren. Ihre Eltern hatten sich vor Jahren getrennt und der Vater brach jeglichen Kontakt zu ihr ab. Ihre Mutter gab ihr damals die Schuld an der Trennung. Diana N. wurde nach der Auseinandersetzung von diesen Erinnerungen wieder eingeholt und ihre Angst, erneut eine Bezugsperson zu verlieren, wurde unerträglich. Der Leidensdruck war kaum noch auszuhalten und sie kam in hohe Anspannungszustände. Um ihren Leidensdruck zu lindern, griff sie zur Rasierklinge und fügte sich tiefe Schnittwunden an den Armen zu. Anschließend machte sie ein Foto und schickte es ihrem Freund in der Hoffnung, er würde sehen, wie schlecht es ihr ging und wieder zurückkommen.

Dissoziale Persönlichkeitsstörung APS (Dissozialität)
Bei dieser Persönlichkeitsstörung ist ein Konflikt mit dem Gesetz vorprogrammiert. Menschen mit einer dissozialen Persönlichkeitsstörungen sind nicht in der Lage, soziale Normen wahrzunehmen und empfinden kein Gefühl von Mitleid. Die Folge davon sind Gewalt und Aggression. Da Betroffene meist auch kein Schuldbewusstsein haben, lernen sie auch nicht aus ihren Fehlern oder ihre Erfahrungen zu reflektieren. Betroffene können zwar eine Beziehung führen, allerdings ist diese meist labiler Natur. Diese Persönlichkeitsstörung ist oft genetisch bedingt. Ein weiterer möglicher Auslöser kann häusliche Gewalt oder emotionale Vernachlässigung sein.

Fallbeispiel: Kevin B. wurde schon mehrere Male wegen Raubdelikten und unerlaubten Drogenkonsums verurteilt. Seine kriminelle Laufbahn begann mit 12 Jahren, als er in einem betreuten Wohnheim untergebracht wurde. Er wurde von seinen Eltern von klein auf misshandelt. Er kann sein Fehlverhalten nicht reflektieren.

Histrionische Persönlichkeitsstörung HPS (Histrionismus)
Diese Störung zeigt sich in ihrem Auftreten drastisch. Sie äußert sich durch Oberflächlichkeit oder starke Übertreibungen. Oft sind die Betroffenen mental labil und erfinden Geschichten, die nicht der Wahrheit entsprechen.

Es soll den Zweck erfüllen, der Mittelpunkt zu sein. Um ihre Geschichte glaubhaft rüberzubringen, können Betroffene in verschiedene Rollen schlüpfen. Um zwischen anderen psychischen Störungen differenzieren zu können, müssen bestimmte Kriterien anhand der DSM-5 (Statistical Manual of mental Disorders) zutreffen.

Die Patienten müssen in erster Linie ein auffälliges Muster an ausgeprägter und ständig wechselnder Emotionalität sowie den Drang nach ständiger Aufmerksamkeit aufweisen. Dabei stehen fünf der unten genannten Kriterien im Vordergrund:

• Der Patient fühlt sich unwohl, wenn er nicht im Mittelpunkt der Aufmerksamkeit stehen kann.

• Tritt mit anderen Menschen unpassend, verführerisch oder herausfordernd in Interaktion.

• Der Patient wechselt außergewöhnlich schnell seine Emotionen.

• Er benutzt ständig sein äußeres Erscheinungsbild, um die Aufmerksamkeit auf sich zu lenken.

• Der Patient verwendet eine sehr auffällige Sprache.

• Neigt zur Eigendramatisierung, Theatralik und seine Emotionen sind extravagant.

• Er stellt Beziehungen intimer dar, als sie in Wirklichkeit sind.

Fallbeispiel: Die Studentin Susanne W. erwartet im Wohnheim ihren Freund zu Besuch. Sie teilt sich mit einer anderen jungen Frau ein Zimmer. Die beiden verstehen sich gut, allerdings findet Susanne ihre Mitbewohnerin manchmal als etwas übertrieben. Ständig rennt sie schreiend über den Campus und singt Lieder oder tanzt fremde Menschen an. Außerdem hat sie einen ausgefallenen Kleidungsstil (freizügig) und verbringt Stunden im Bad, um sich herzurichten. Als Susannes Freund im Wohnheim auftaucht, spielt ihre Mitbewohnerin sich in den Vordergrund und berührt ihn ständig.

Alles was der Freund erzählt, wird von ihr mit übertriebenem Lachen bis hin zur tiefsten Empörung kommentiert. An diesem Tag war ihre Kleiderwahl noch freizügiger als sonst schon und Susanne hatte keine freie Minute allein mit ihrem Partner.

Narzisstische Persönlichkeitsstörung NPS (Narzissmus)

Sie beschreibt eine übertrieben selbstbewusste Verhaltensweise. Die Folge dieser Störung ist oft eine fehlerhafte Einschätzung des eigenen Ichs und dies äußert sich in Großspurigkeit und Selbstüberschätzung. Die Betroffenen können nicht mit Kritik umgehen. Der Mittelpunkt bei dieser Störung liegt bei den Betroffenen darin, Anerkennung und Lob zu erhalten. Sie können sich nicht in Angelegenheiten oder Tätigkeiten anderer Menschen hineinfühlen. Die übertriebene Selbstverliebtheit kann nicht selten fanatisch werden. Eine narzisstische Person kann die Verzerrung der Realität nicht erkennen.

Passiert es, dass der Betroffene durch innere Konflikte selbst völlig abgelenkt ist, besteht die Möglichkeit, dass diese Person in Kombination mit der narzisstischen Persönlichkeitsstörung auch an Borderline erkrankt ist. Diese Erkrankung entwickelt sich meist in der frühen Kindheit, durch traumatische Erlebnisse. Betroffene lernen, ihre Gefühle zu unterdrücken, um nicht noch mehr leiden zu müssen. Sie können keine Empathie anderen gegenüber empfinden und können auch einen anderen Menschen nicht wirklich lieben.

Fallbeispiel: Madeleine B. lernte 2015 ihren Freund Horst B. kennen. Die ersten Wochen ihrer Beziehung waren sehr intensiv und ihr Partner trug sie auf Händen. Madeleine war sich sicher, den Mann fürs Leben gefunden zu haben. Dass er aber regelmäßig Drogen und Alkohol konsumierte, blendete sie naiv aus. Die beiden sahen sich aus beruflichen Gründen nur am Wochenende und sie hatte nicht viel Einblick in seinen Alltag. Madeleine litt seit Jahren an Depressionen und Borderline und war mit Beziehungen ohnehin leichtsinnig.

So entschloss sie sich Hals über Kopf, mit Horst ein gemeinsames Kind zu zeugen. Nach drei Monaten intensiver Beziehung wurde sie schwanger. Horst verhielt sich ihr gegenüber, während der gesamten Schwangerschaft, sehr wechselhaft. Er war auch nicht in der Lage, sie in den Arm zu nehmen oder andere Zärtlichkeiten zuzulassen, außer er wollte mit ihr schlafen. Sie trennten sich sogar zwischenzeitlich, weil er nicht bereit war, mit dem Drogen- und Alkoholkonsum aufzuhören. Ständig machte er sie für Dinge verantwortlich, wofür sie gar nichts konnte. Madeleine trennte sich von ihm und stemmte schwanger mit Freunden und Familie den Umzug. Sie war sich sicher, diesen Mann nie wiedersehen zu wollen. Im letzten Schwangerschaftsdrittel erkrankte sie allerdings an Nierensteinen und musste die restliche Zeit im Krankenhaus verbringen. Er besuchte sie regelmäßig und kümmerte sich auch um ihr gemeinsames Kind. Dieses wurde zu früh geboren und somit die ersten Wochen intensiv betreut.

Sie gab sich einen Ruck und wollte, ihrem Kind zuliebe, noch einmal an der Beziehung arbeiten. Horst zog wieder in die Wohnung ein. Bereits in der ersten gemeinsamen Nacht mit dem Kind war er so betrunken, dass er dem Kind in der Nacht nicht die Flasche geben konnte. Er war wieder wie zuvor und ging nur seinen Bedürfnissen nach. Sie versuchte, jeden Tag etwas zu kochen, obwohl sie gesundheitlich noch angeschlagen war. Kochte sie etwas, meinte er, dass er keinen Hunger hat, kochte sie nichts, warf er ihr vor, nichts auf die Reihe zu bekommen. Einmal hatte er sie sogar geschlagen, weil sie keinen Alkohol für ihn gekauft hatte.

Madeleine versuchte sich in dieser Zeit sogar, aus Verzweiflung ihr Leben zu nehmen. Er zahlte weder Miete, noch trug er trotz Arbeit finanziell etwas dazu bei und gab den Großteil des Geldes für Drogen aus. Ihr aber redete er ein, nichts wert zu sein, weil sie ja nur das Kind zuhause versorgte. Er selbst beachtete sein Kind so gut wie gar nicht, nur in Ausnahmefällen, wenn seine Familie zu Besuch war.

Dann spielte er den liebevollen Vater und sie war die psychisch Labile.

In all der Zeit führte er ein Doppelleben und hatte eine andere Frau, die ebenfalls ein Kind hatte. Regelmäßig jammerte Horst ihr die Ohren voll, dass er ständig Überstunden machen müsste und deshalb jeden Abend so spät heimkommt. Dabei war er jeden Feierabend mit seiner anderen Freundin und deren Kind unterwegs. Madeleine sollte in der Zeit ihren Pflichten nachkommen, denn schließlich musste er ja hart arbeiten. Regelmäßig beklagte er sich bei seiner Mutter, sie würde nicht kochen und ihm jeden Tag das Leben schwer machen. Nach einiger Zeit kam Madeleine ihm aber auf die Schliche und schmiss ihn aus der Wohnung. Voller Wut nahm er alle Sachen mit, die er in den Haushalt gebracht hatte, auch Kindersachen. Selbst seine Mutter forderte, die von ihr geschenkten Dinge bei ihr ein.

PARANOIDE PERSÖNLICHKEITSSTÖRUNG PPD (PARANOIA)

Betroffene dieser Krankheit treten anderen Menschen stets misstrauisch gegenüber. Ein nettes und zuvorkommendes Verhalten sowie auch ein distanziertes Verhalten anderer Personen wird als Angriff gedeutet.

Betroffene können nicht mit Ablehnung oder Zurechtweisung umgehen und haben oft einen sehr komplexen Charakter. Auch ein Wahn von Eifersucht kann in einigen Fällen auftreten. Wenn das der Fall ist, wird der Partner häufig mit falschen Unterstellungen überhäuft und wegen Kleinigkeiten wird vom Betroffenen ein Streit angezettelt. Betroffene sammeln oft in ihren Augen offensichtliche Beweise, um ihre Vermutungen zu untermauern.

Diese Beweise sind aber meist oberflächlich. Aber auch ein erhöhtes Selbstwertgefühl und überzogene Selbstbezogenheit sind nicht unüblich. In einer Ausgabe des *Diagnostic and Statistical Manuel of Mental Disorders* ist diese Persönlichkeitsstörung zusammen mit der schizotypischen und schizoiden Persönlichkeitsstörung zum sogenannten Cluster A der schizophrenienahen Persönlichkeitsstörungen. Der Begriff paranoid wird auch oft in

Verbindung mit der Schizophrenie und der Paranoia gebraucht, es handelt sich allerdings in allen Fällen um unterschiedliche psychische Störungen.

Beschreibung

Durch Fehlinterpretationen des Verhaltens anderer Menschen, bestätigen Betroffene ihr Misstrauen zusätzlich. Oft folgt darauf auch eine erhöhte Wachsamkeit. Das Misstrauen äußert sich so, dass häufig Streit gesucht wird, aber auch dadurch, dass sich zurückgezogen wird. Oft hat die übermäßige Empfindlichkeit und Kränkbarkeit dann Streitsucht und Rechthaberei zur Folge.

Weil Betroffene befürchten, dass kundgetane Informationen gegen sie verwendet werden könnten, sind sie oft sehr verschlossen. Das Gefühl zu haben, ausgenutzt und hintergangen zu werden, ist nicht selten. Dazu gehören auch die Familienangehörigen oder nahestehende Personen, ihre Treue wird immer wieder aufs Neue in Frage gestellt. Bei Personen mit paranoider Persönlichkeitsstörung, besteht aus der Sicht der Tiefenpsychologie, oft eine Tendenz, eigene Aggressionen anderen Menschen zuzuschreiben und dort dann als aggressiv wahrzunehmen und zu bekämpfen.

Dadurch, dass Betroffene ihre Mitmenschen oft anklagen, führt dies dazu, dass sie oft ausgegrenzt werden, was die Befürchtungen der Betroffenen dann wieder bestätigt. Weil sie eine geringe Vertrauensbereitschaft haben und auch wegen ihres sturen Vorgehens haben Betroffene große Schwierigkeiten, tiefe zwischenmenschliche Beziehungen zu führen beziehungsweise aufzubauen. Man geht davon aus, dass 0,5 bis 2,5 % der Menschheit darunter leidet. Oft geht diese Störung mit extremen persönlichen und sozialen Einschränkungen einher. Meistens fällt diese Persönlichkeitsstörung bereits im Kindesalter auf und besteht im Erwachsenenalter weiter. Da es Hinweise darauf gibt, dass diese Störung häufiger bei Verwandten von Personen mit Schizophrenie und Personen mit wahnhaften Störungen vom Typus mit Verfolgungswahn gibt, werden als Ursachen Verer–bungsfaktoren vermutet. Ein schlechtes soziales Umfeld in der Kindheit und Jugend soll zu einer Entwicklung mit paranoider Neigung führen.

Begleiterkrankungen

Menschen mit einer sogenannten paranoiden Persönlichkeit haben in Dreiviertel der Fälle weitere psychische Störungen. Die meisten Zusatzdiagnosen sind bei der schizotypischen Persönlichkeitsstörung zu finden. Die narzisstische Persönlichkeitsstörung, die Borderline–Persönlichkeitsstörung, die selbst-unsichere Persönlichkeitsstörung und die passiv-aggressive Persönlichkeitsstörung, kommen allerdings auch häufig vor. Leider gibt es hierzu wenig Forschungsarbeiten und vor allem keine erprobten Untersuchungen.

Diagnostik

Um eine paranoide Persönlichkeitsstörung diagnostizieren zu können, müssen mindestens vier dieser Eigenschaften oder Verhaltensweisen laut ICD – 10 (Internationale Statistische Klassifikation der Krankheiten und verwandter Gesundheitsprobleme) vorliegen:

- Vermehrte Beschäftigung mit Gedanken über Verschwörungen, als Erklärung für gewisse Ereignisse.
- Gegenüber Zurückweisung übertriebene Empfindlichkeit.
- Misstrauen und anhaltende Tendenzen, in denen freundliche oder neutrale Aktionen von anderen als gehässig oder abfällig gedeutet werden.
- Beharrliches und situationsunangemessenes Bestehen auf eigenen Rechten.
- Selbstbezogenheit, vor allem im Zusammenhang mit extremer Selbstverliebtheit.
- Ungerechtfertigtes Misstrauen gegenüber dem Partner hinsichtlich seiner sexuellen Treue.
- Die Neigung, dauerhaft Groll zu hegen.

Es handelt sich um ein tiefes Misstrauen und Argwohn gegenüber anderen, sagt die DSM – 5. Das Muster zeigt sich in unterschiedlichen Situationen und der Beginn liegt erst im frühen Erwachsenenalter. Hier müssten vier der Kriterien erfüllt werden:

- Starke Zweifel an der Aufrichtigkeit und Glaubwürdigkeit von Bekannten oder beim Partner, auch wenn diese unbegründet sind
- Andere grundlos Verdächtigungen, wie benutzt oder geblendet zu werden.
- Harmlose Bemerkungen oder Vorkommnisse werden als versteckte, bedrohliche oder abwertende Bemerkungen gedeutet.
- Da die Angst besteht, Informationen könnten gegen einen benutzt werden, vertrauen sie sich nur zögernd anderen Menschen an.
- Lange nachtragend.
- Wiederholte und unberechtigte Verdächtigungen der Untreue gegenüber dem Partner.
- Fühlt sich schnell angegriffen und reagiert zornig und startet zum Gegenangriff. Auch wenn es von den Personen nicht so gemeint war.

Fallbeispiel: Herr Bauer ist schon immer extrem misstrauisch gewesen und hat sich schnell benutzt gefühlt. An guten Tagen ist er aber auch gut gelaunt und liebevoll. An schlechten Tagen ist er allerdings übermäßig paranoid und fasst jedes normale Verhalten als feindselig auf. Zum Beispiel, wenn er nach der Arbeit nachhause kommt, prüft er erst einmal die Wohnung auf Anzeichen, ob jemand in seiner Abwesenheit hier war beziehungsweise Anzeichen dafür, ob seine Frau ihm untreu war. Auch wenn er keine eindeutigen Anzeichen findet, ist er davon überzeugt, dass seine Frau ihn betrügt. Er wird oft wegen Nichtigkeiten wütend, beleidigt andere Mitmenschen und zieht sich für Stunden oder Tage zurück. Selbst bei harmlosen Kleinigkeiten entdeckt er öfters negative Absichten. Seine Frau macht ihm den Vorschlag essen zu gehen, daraufhin beschuldigt er sie, dass sie ihn nur vor allen Menschen kompromittieren möchte. Da er immer denkt, dass ihn alle ausnutzen wollen, hat er außer seiner Familie keinerlei sozialen Kontakte mehr.

Hat er einen guten Tag, kommt es auch vor, dass er sich bei seiner Frau entschuldigt und ihr ein Geschenk mitbringt. Über seine paranoiden Vorstellungen möchte er aber dennoch nicht reden. Seine Frau macht ihm den Vorschlag, sich einer Therapie zu unterziehen, diesen Vorschlag nimmt er zuerst an, doch am nächsten Tag denkt er, seine Frau möchte ihn nur manipulieren. Er beleidigt sie und zieht sich zurück.

SCHIZOPHRENIE

Diese Erkrankung zählt zu der Gruppe der Psychosen. Sie ist eine schwere geistige Erkrankung, unter der im Durchschnitt etwa 1 % der Bevölkerung leidet.

Erste Anzeichen der Schizophrenie zeigen sich normalerweise zwischen der Pubertät und dem dreißigsten Lebensjahr. Die Erkrankung verläuft in mehreren verschiedenen Phasen. Bis das erste Stadium zu einem akutem Stadium wird, kann es Jahre dauern. Dabei stehen die typischen Symptome im Vordergrund. Bis dieser Zustand wieder stabil ist, kann es Monate dauern. Da die Ausprägung der Schizophrenie äußerst multipel und unterschiedlich sein kann, gibt es dazu verschiedene Schweregrade. Diese unterscheiden eine einmalige Phase ohne gesundheitlichen Schaden bis hin zu chronischen Rückfällen. Wird eine Schizophrenie zu spät behandelt, kann es im Alltagsleben zu starken Einschränkungen kommen. Die Weltgesundheitsorganisation bietet dazu Leitfäden zu den charakteristischen Symptomen an, für eine Diagnose müssen mindestens zwei dieser Symptome der Gruppe 5 – 8 vorliegen:

Diagnostische Besonderheiten der Schizophrenie nach ICD-10

Symptomgruppe 1 – 8	**Allgemeine diagnostische Kriterien 1 – 4**
1. Gedanken werden laut, Gedankeneinfall oder Gedankenauszug, Gedankenausdehnung	1. Für die Diagnose muss mindestens ein eindeutiges Symptom der Gruppen 1 - 4 auftreten oder mindestens 2 Symptome der Gruppen 5 – 8.
2. Kontroll- und Beeinflussungswahn, das Gefühl des Gemachten, Wahnwahrnehmungen	2. Die Symptome müssen länger als einen Monat andauern. Zeigen sich die Symptome über eine kürzere Zeit, ist eine akute schizophreniforme psychotische Störung zu diagnostizieren.
3. Kommentierende oder dialogische Stimmen	3. Schizophrenie sollte nicht bei ausgeprägten depressiven oder manischen Symptomen diagnostiziert werden. Eine Ausnahme gilt, wenn die schizophrene Symptomatik der affektiven vorausgegangen ist.
4. Anhaltender, kulturell unangemessener und völlig unrealistischer Wahn	4. Gehirnerkrankungen, Intoxikationen, Drogeneinfluss, Entzugssyndrome werden ausgeschlossen.
5. Anhaltende Halluzinationen jeder Sinnesmodalität	
6. Gedankenabreißen, Zerfahrenheit, Danebenreden	
7. Katatone Symptome wie Erregung, Stereotypien, wächserne Biegsamkeit, Negativismus, Mutismus, Stupor	
8. Negative Symptome wie Apathie, Sprachverarmung, verflachte oder inadäquate Affekte	

Männer und Frauen haben das gleiche Risiko an einer Schizophrenie zu erkranken. Statistisch gesehen sind Männer allerdings in einem früheren Lebensalter betroffen. Obwohl Störungen aus dem schizophrenen Kreis seit langem untersucht werden, konnte man bis jetzt keine einzelne alleinverantwortliche Ursache finden. Deshalb geht man mittlerweile davon aus, dass es mehrere auslösende Faktoren gibt. Es gibt eine Reihe von Behandlungsmöglichkeiten, damit Betroffene ein weitgehend beschwerdeloses Leben führen können. Im Vordergrund steht dabei eine Therapie mit Neuroleptika.

Traditionell gesehen werden die Symptome in zwei große Gebiete aufgeteilt. Diese Bereiche werden Negativsymptome und Positivsymptome genannt. Früher wurden auch die geistigen Symptome der Erkrankung als eigener dritter Bereich benannt. Gemeint sind damit allerdings nicht Intelligenzdefizite, sondern Probleme mit der Planung von Aktionen, der Aufmerksamkeit und dem Gedächtnis. Je nachdem wie groß das Ausmaß in diesen Bereichen ist, kann man voraussagen, wie gut Patienten ihr alltägliches Leben bewältigen können.

Bei Betroffenen kann das Denken vielseitiger Verbindungen in ihrer Problematik nicht mehr eingesehen oder kurzschrittig werden. In schlimmen Fällen können stereotypes Wiederholen eines Gedanken oder eines Wortes oder unverständliche Laute auftreten. Zum Teil hängt die Ausprägung der Symptome von der Persönlichkeit des Patienten ab. Betroffene behalten oft ihr individuelles Symptommuster über eine lange Zeit bei.

Positivsymptome

Bei den Positivsymptomen handelt es sich um eine Übersteigerung des normalen Erlebens. Aus diesem Grund wird sie als eine Art Übermaß gegenüber dem gesunden Zustand bezeichnet. Starke Fehlauffassungen der erlebten Realität, Realitätsverlust bis hin zu Halluzinationen. Oft gibt es, bei überwiegend positiven Symptomen, die plötzlich beginnen, keine vorherigen nach außen auffälligen Merkmale. Charakteristika dieser Symptome sind Ich–Störungen, innere Unruhe, Sinnestäuschungen und inhaltliche Denkstörungen. Die Bildung eines Wahns ist typisch bei inhaltlichen

Denkstörungen. Akustische Halluzinationen, auch Akoasmen genannt, treten häufig auf. Menschen, welche an einer schizophrenen Psychose leiden, nehmen Gedanken war, von denen sie glauben, sie kommen von außen und dies kommt in etwa bei 84 % der Fälle vor.

Betroffene nehmen zum Beispiel Stimmen wahr, welche in seltenen Fällen auch Anweisungen erteilen. Im allgemeinen Sprachgebrauch nennt man dies „Stimmenhören". Halluzinationen von Stimmen können sogar bei Menschen auftreten, die taub geboren wurden oder im Laufe ihres Lebens taub wurden. Allerdings sind bei tauben Menschen mit einer Schizophrenie-Diagnose taktile und optische Halluzinationen deutlich häufiger als bei anderen Menschen mit Schizophrenie.

Zu einer Ich-Störung zählen:

- **Fremdsteuerung:** Das Empfinden, von anderen getrieben zu werden.
- **Gedankenausbreitung:** Die Einbildung, andere könnten die eigenen Gedanken hören oder mitlesen.
- **Gedankenentzug:** Das Gefühl, dass andere die eigenen Gedanken abschneiden oder stehlen können.
- **Gedankeneingebung:** Das Erleben der eigenen Eingebungen als wären sie von anderen aufgezwungen.

Negativsymptome

Sie beschreiben Einschränkungen des altbewährten Erlebens, wie auch von körperlichen Anforderungen, die früher bestanden haben, aber durch diese Krankheit reduziert werden oder sogar ganz fehlen. Gegenüber dem gesunden Zustand stellen diese Symptome also einen Mangel dar. Einige Negativsymptome sind:

- **Affektverflachung:** Mangelnde Spannweite von Emotionen im Ausdruck, dem Erleben und der Wahrnehmung. Die Verarmung von Gemütserregungen zeigt sich in einer gesunkenen Fähigkeit, emotional teilzuhaben. Betroffene reagieren auf bewegende Ereignisse nur eingeschränkt, sie scheinen von Erfreulichem oder Unerfreulichem nur tangential berührt. Der normale Wechsel zwischen Freude, Neugier, Wut, Stolz und Trauer geht verloren.

- **Asozialität:** Verringertes Interesse am Umgang mit anderen Menschen, wenig Freunde, sozialer Rückzug und wenig sexuelles Interesse.
- **Volition:** Zielgerichtetes Verhalten kann nur schwer beibehalten oder begonnen werden.
- **Alogie:** Verzögerte, wortkarge Antworten und eine wenig differenzierte Sprache.
- **Abulie:** Probleme dabei, Entscheidungen zu treffen.
- **Anhedonie:** Mangelnde Fähigkeit, Lust, Genuss oder Freude zu empfinden.
- **Apathie:** Geringe Empfindlichkeit gegenüber äußeren Reizen und mangelnde Erregbarkeit, was zu Interesselosigkeit und Teilnahmslosigkeit führt.

Oft beginnen Schizophrenien mit einer deutlichen Negativsymptomatik schleichend. Die Negativsymptome können schon mehrere Monate oder Jahre vor den aktuellen psychotischen Symptomen auftreten. Oft treten als Frühsymptom Schlafstörungen und depressive Symptome auf. Üblicherweise verstärken oder festigen sich die Negativsymptome mit zunehmender Krankheitsdauer. In etwa zwei Drittel bestehen die Negativsymptome über die Positivsymptome fort, nach einem akuten Schub. Oft führen diese unterschiedlich ausgeprägten Einschränkungen zu sozialem Rückzug, Kontaktstörung und auch zu verminderter Erwerbs–fähigkeit. Bei einer schubartig verlaufenden Schizophrenie kommt es nach dem Aushallen einer Krankheitsphase, hin und wieder zu einer vorübergehenden düsteren Nachschwankung. Allerdings muss man auch die echten Negativsymptome von den Begleiterscheinungen der Behandlung durch ein Neuroleptikum unterscheiden. Sie können einer Negativsymptomatik ähneln.

Fallbeispiel: Der 24-jährige Student Martin K. zieht sich seit einigen Monaten zunehmend zurück und besucht auch die Universität nicht mehr. Eines Abends beschimpft er seine Eltern, dass sie vom Teufel geschickt worden sind und ihn vergiften wollen. Als die Eltern ihn beruhigen wollten, ist er laut und aggressiv geworden. Während eines Gesprächs in einer Klinik berichtet er, seit Wochen nicht mehr schlafen zu können, weil er Stimmen hört und sich seine Leistungsfähigkeit verringert. Aus Angst vergiftet zu werden, nahm er 10 Kilogramm ab. Er war damit einverstanden, in der Klinik zu bleiben, da er sich „vor denen" hier sicher fühlte. Er zeigte am Folgetag ein vermehrtes Misstrauen gegenüber den Mitpatienten und dem Personal.

ALLTAGSPSYCHOLOGIE

Man nennt sie auch Laienpsychologie. Da Menschen soziale Wesen sind, sind sie darauf bedacht, andere Menschen und deren Verhalten zu verstehen, interpretieren und berechnen zu können. Wem können Sie vertrauen? Wem sollten Sie Ihr Geld leihen und wem nicht? Und wen sollten Sie heiraten? Dies sind einige wenige Entscheidungen, die jeder Einzelne von uns irgendwann treffen muss.

Es ist also ganz normal und sogar überlebensnotwendig, in gewissen Situationen sozusagen Psychologe zu sein. Menschen verwenden hierfür Ideen über das Verhalten und Auftreten von anderen Personen. Die Alltagspsychologie erleichtert es ihnen, im Austausch mit anderen Menschen, Entscheidungen zu treffen. Abgesehen von den echten Psychologen, sind wir alle Laienpsychologen. Wir betrachten unsere Mitmenschen und bilden Erklärungen für deren Verhalten. Wir versuchen, dieses Verhalten vorherzusehen und zu berechnen. Es dient Ihnen also als Grundlage für Entscheidungen im Umgang mit Ihren Mitmenschen. Würden Sie zum Beispiel glauben, dass Männer wenig Empathie besitzen, wird dies Ihre

Entscheidungsgrund–lage bei der Wahl des Therapeuten sein. Auch in der Wirtschaft gibt es die Alltagspsychologie. Einige Chefs denken beispielsweise, Diamanten entstehen nur unter hohem Druck.

Bedeutet für den Chef, beziehungsweise den Vorgesetzten, dass Mitarbeiter nur gut arbeiten, wenn sie unter Druck gesetzt werden. Diese Art der Alltagspsychologie ist eine Form von Vorurteilen und reduziert auch die Komplexität. Ein typisches Beispiel ist die Kategorisierung von Menschen in Gruppen wie von dem General Kurt von Hammerstein–Equord. Er unterschied seine Offiziere in klug, fleißig, dumm und faul. Er war auch der Meinung, dass in den meisten Fällen zwei Eigenschaften aufeinander treffen. So sind die einen klug und fleißig und müssen somit in den Generalstab.

Für die Routineaufgaben sind dann die Dummen und Faulen zuständig. Für die höchsten Führungsaufgaben sollen laut Hammerstein–Equord, die Klugen und gleichzeitig Faulen qualifiziert sein. Denn diese bringen die Nervenstärke und die geistige Klarheit für schwere Entscheidungen mit. Die Dummen, aber Fleißigen bringen nur Unheil und dürfen keine Verantwortung übertragen bekommen. Das Problem dieser Ansichten ist, dass sie für viele Menschen überzeugend klingen und ohne weitere Prüfung so übernommen werden.

Doch ist diese Vorstellung wirklich angemessen? Menschen sind ausgesprochen gutwillig und übernehmen psychologische Behauptungen, ohne sie zu hinterfragen, auch wenn es der größte Unsinn ist. Weil es schön ist, die Welt zu begreifen und sie sich einfach zu machen, halten sie hartnäckig an ihren Eindrücken fest. Diese Personen sind allerdings auch die, die sich niemals wagen würden, zu erklären wie beispielsweise ein Computer funktioniert und verweisen auf einen Informatiker. Alltagspsychologie sind also all jene Vorstellungen von Menschen über das Erleben und das Verhalten der anderen Menschen und dessen Konse–quenzen, Ursachen sowie Möglichkeiten der Beeinflussung, welche nicht aus der Wissenschaft kommen. Die Alltagspsychologie hat eine Folge von Merkmalen, die in der Regel zutreffen. Allerdings nicht in jedem Einzelfall.

Typische Merkmale:

- Der erste oberflächliche und plausible Blick
- Ungeprüftes und schnelles Übernehmen und Verbreiten
- Von vielen Menschen verbreitet
- Innerer Widerspruch, da verbreitete Vorstellungen oft nicht miteinander kompatibel sind
- Hartnäckiges Festhalten trotz offensichtlichem Scheitern
- Selbsthilfebücher
- Unwissenschaftliche Veröffentlichung wie Zeitungsartikel oder populärwissenschaftliche Bücher

Diese Annahmen müssen nicht zwingend falsch sein, sind aber bei genauer Überprüfung in bestimmten Situationen oft nicht zutreffend. Sie hängen stark von verschiedensten Bedingungen ab.

Ein Beispiel über Beförderung und Karriere: Viele glauben, dass die Menschen, welche Leistung zeigen, auch befördert werden. Für den Betrieb wäre das natürlich auch sinnvoll. Ganz nach dem Motto: „Der, welcher gute Ergebnisse liefert, kann auch mit mehr Verantwortung umgehen". Deshalb schätzen viele Personen den Zusammenhang zwischen Karriere und Arbeitsleistung mit 50 % ein. Allerdings trifft das in den meisten Fällen nicht ganz zu. Nach James Robert Van Scotter, Stephan J. Motowidlo, Thomas C. Cross im Jahre 2000 und Abraham Carmeli, Revital Shalom und Jacob Weisberg im Jahr 2007, hängen Arbeitsleistung und Karriere nur zu circa 10 % zusammen. Insbesondere Mitarbeiter, die ihre Zeit stark mit dem Netzwerken verbringen, auch außerhalb des Unternehmens, punkten bei der Karriere. Wer seine Zeit als Führungskraft mit der Organisation der eigentlichen Arbeit und den Mitarbeitern verbringt, hat im Durchschnitt eher eine Erschwernis bei der Karriere.

Natürlich ist Leistung in der freien Wirtschaft nicht egal. Menschen, die eine hohe Leistungsmotivation mitbringen, sind daher häufig als selbstständige Unternehmer vertreten und durchaus auch erfolgreich. Die Alltagspsychologie führt somit zu Fehleinschätzungen und einem falschen Verhalten im Umgang mit den Mitmenschen.

WISSENSCHAFTLICHE PSYCHOLOGIE

Bei der wissenschaftlichen Psychologie geht es um eine empirische also methodisch überprüfbarer Forschung. Es müssen alle ausgedrückten Aussagen systematisch beobachtet und bewertet werden. Unter anderem wird sie bei experimentellen Untersuchungsmethoden, Fragebögen, in der Medizin, wie das EEG, genutzt und arbeitet mit Testpersonen.

Die Freie Universität Berlin sagt dazu: „Das wichtigste Werkzeug bei der empirischen Erkenntnisgewinnung ist dabei die beschreibende und schließende Statistik und Stochastik."

Die wissenschaftliche Psychologie definiert Verhalten und Erleben des Menschen. Sie beschreibt und erklärt die Veränderungen und Entwicklungen während des Lebens und alle Aspekte, die darauf Einfluss nehmen. Erklären, Beschreiben, Vorhersagen und Handeln erfolgt nach der methodisch überprüfbaren Forschung. Hier werden die Erkenntnisse durch systematisches und strukturiertes Beobachten und Wahrnehmen gewonnen. Anschließend werden daraus Theorien entwickelt und diese überprüft. Somit steht die wissenschaftliche Psychologie, im Gegensatz zu der Laienpsychologie, mit Empirie und Theorie in einem gegenseitigen Wechselverhältnis zueinander.

Merkmale:

- Autoritär erzogene Menschen verhalten sich schüchtern und ängstlich.
- Allgemeingültig muss diese Aussage dann mit hoher Wahrscheinlichkeit auf alle Menschen zutreffen, die streng erzogen wurden.

- Ist die Aussage, dass streng erzogene Menschen ängstlich und schüchtern sind, überprüfbar, muss die Art und Weise, wie der Forscher zu dieser Erkenntnis kam, wiederholbar sein.
- Objektiv gesehen, muss dieses Ergebnis von verschiedenen Forschern, unter gleichen Bedienungen, auch zum gleichen Ergebnis führen.

Analyseebenen der Psychologie

Jedes Individuum ist anders und besteht aus vielen kleinen Systemen, welche wiederum Teil eines größeren sozialen Systems sind. Die unterschiedlichen Analyseebenen, mit denen gearbeitet wird, ergänzen einander. Die verschiedenen Analyseebenen ergeben zusammen den sogenannten biopsychosozialen Ansatz. Damit werden Einflüsse psychologischer, biologischer und soziokultureller Faktoren gleicherweise berücksichtigt und beachtet. Die drei zentralen Analyseebenen prägen und dirigieren das Verhalten und die mentalen Prozesse jedes Menschen.

BIOLOGISCHE EINFLÜSSE

Die sogenannte Selektion wandlungsfähiger Besonderheiten, also Einflüsse, die für die Fortpflanzung und das Überleben eines jeden Menschen von Vorteil sind. Nicht zu unterschätzen sind auch die genetischen Prädispositionen, die Empfänglichkeit für Erkrankungen, welche erblich bedingt sind, in der entsprechenden Umgebung. Sie spielen beim menschlichen Verhalten eine große Rolle. Die Mechanismen des Gehirns und die Einflüsse der Hormone wirken sich zudem auf das Benehmen, die Vorstellung, die Abläufe des Denkens, die Sprache und die Ansicht verschieden aus.

PSYCHOLOGISCHE EINFLÜSSE

Hier sind Einflüsse gemeint, die sich aus unserem Auftreten ergeben. Dazu zählen erlernte Ängste, wie beispielsweise die Angst vorm Zahnarzt durch schlechte Erfahrungen, Unsicherheiten und erlernte Erwar–tungen. Unter die psychologischen Einflüsse werden auch emotionale Reaktionen, wie kognitive Verarbeitungen, Freude, Trauer oder Ekel, und Wahrnehmungsinterpretationen, die durch Erfahrungen oder Erwartungen modelliert werden, gefasst.

SOZIOKULTURELLE EINFLÜSSE

Das soziale Umfeld und die Anwesenheit anderer Personen, haben ebenfalls großen Einfluss auf das Verhalten der Menschen und die mentalen Prozesse. Gleichfalls zu den Einflüssen zählen die Anforderungen, welche die Gesellschaft, die Kultur und die Angehörigen an einen stellen. Besonders Einflüsse von Personen gleichen Alters und von anderen Gruppen sind wichtig.

Deutlich wurde die Bedeutung des sozialen Umfelds auch im Rahmen eines Projekts namens EVSE (Evaluation eines Vorschultrainings zur Prävention von Schriftspracherwerb in der Grundschule). Es wurde bei über 700 Kindern der Schriftspracherwerb des Jahres 2001 über die gesamte Zeit in der Grundschule untersucht. Es wurden die Schulnoten erfasst und regelmäßige Leistungstests im Lesen und Rechtschreiben durchgeführt.

Ebenfalls wurden Faktoren wie das Bildungsniveau der Eltern und Informationen zur familiären Sprachsituation mit einbezogen. Zusammen mit anderen Befunden konnte festgestellt werden, dass Kinder von Eltern mit einem hohem Bildungsniveau eine bessere Lese- und Schreibleistung erzielen. Bei diesem Projekt kam es somit zu den Erkenntnissen, dass Kinder von Akademikern, die mit zwei oder mehr Sprachen aufwachsen, durchschnittlich bessere Chancen auf gute Testleistungen haben als etwa Kinder, die einsprachig aufwachsen und deren Eltern keine Akademiker sind.

Klinische Psychologie

Sie ist ein Gebiet der Psychologie und gehört zur Angewandten Psychologie. Die Klinische Psychologie untersucht die sozialen, biologischen, entwicklungs– und verhaltensbezogenen sowie emotionalen und kognitiven Grundlagen psychischer Störungen.

Grundsätzlich handelt es sich um die Methoden der Therapie und Diagnostik, sofern sie im Rahmen der Krankenhausbehandlung anwendbar sind. Die Neuropsychologie und die Medizinische Psychologie sind eng mit der Klinischen Psychologie verbunden.

In Deutschland ist die Klinische Psychologie sehr umfänglich. Wenn psychische, körperliche, umweltbezogene oder soziale Störungen auf Einzelne oder Gruppen einwirken, können mit den wissenschaftlichen Erkenntnissen und Methoden der Klinischen Psychologie die Wirkungen und deren Wirkungen auf das Auftreten und Erleben untersucht werden. Das Studium im Bereich Klinischer Psychologe ist ein reiner Masterstudiengang. Im Studium lernen die Personen die psychischen Störungen der Patienten zu analysieren, diagnostizieren und klassifizieren.

Um als klinischer Psychologe arbeiten zu können, ist es vor allem wichtig, den Patienten mit Empathie und Offenheit entgegenzukommen. Bei der Klinischen Psychologie und Psychotherapie sind weitere Grundlagen des Studiums: Ethik und Recht, Ursachen, Genese und Therapie psychischer Erkrankungen/Störungen, Rehabilitation und Gesundheitspsychologie, Public Health und klinische und kognitive Neuropsychologie. Darüber hinaus beinhaltet das Studium Grundlagen und Vertiefungen der Forschungsmethodik. Ebenfalls werden Statistiken ausführlich gelehrt.

KLINISCHE STUDIEN

In der beweisbasierten Medizin und klinischen Forschung ist eine klinische Studie eine Art Erhebung. Sie ist Voraussetzung für die Arzneimittelzulassung. Durchgeführt wird sie mit kranken Patienten oder gesunden Probanden. Die klinische Studie hat das Ziel, Medikamente oder auch mögliche Therapien, medizinische Interventionen oder Medizinprodukte auf ihre Sicherheit und Wirksamkeit zu prüfen. Ebenfalls dient sie dazu, wissenschaftliche Fragen zu beantworten und die Behandlung zu verbessern.

Allerdings kann eine solche Studie erst dann durchgeführt werden, wenn genügend Daten für eine risikolose Durchführung vorhanden sind und von der zuständigen Ethikkommission ein positiver Entschluss vorliegt. Damit die Studie ohne äußerliche Einflüsse durchgeführt werden kann, werden solche Studien in einem Umfeld getätigt, welches kontrolliert werden kann. Bei einer medizinischen klinischen Studie werden zwei oder mehr Patientengruppen verglichen. Die Verumgruppe erhält die Medikamente bzw. die Behandlung, während die Kontrollgruppe eine alternative Behandlung oder ein Placebo erhält. Bei beiden Gruppen wird verglichen, welche Wirkung die Behandlung auf die Kontrollgruppe und auf die Verumgruppe auslöst.

Einteilung klinischer Studien

Interventionsstudie:

Randomisierte kontrolliere Studie	Nichtrandomisierte kontrollierte Studie

Beobachtungsstudie:

Deskriptive Studie		Analytische Studie
Kohorten-Studie	Fall-Kontroll-Studie	Querschnitts-Studie

Bei den Studien wird unterschieden unter Interventionsstudie und Beobachtungsstudie. Bei der oben aufgeführten Studie bekommt die Randomisierung (wahllos, ziellos, willkürlich) große Bedeutung. Bei kontrollierten Studien wird diese fast immer durchgeführt, oft auch in Kombination mit einer Verblindung, das bedeutet, die Versuchspersonen erfahren nicht, ob sie zur Kontrollgruppe oder zur Experimentalgruppe gehören. Es darf also weder dem Prüfarzt noch den Patienten bekannt sein, welcher Gruppe der Patient zugewiesen ist.

So kann verhindert werden, dass bewusste oder unbewusste Einflüsse auf die Studie wirken, durch die die Glaubwürdigkeit und ihre Resultate verbessert werden können. Nicht jede Studie kann verblindet werden, dies ist dann der Fall, wenn sich eine Gruppe einer Prozedur, wie zum Beispiel einer Operation, unterziehen muss. Hier wäre ein „Scheineingriff" bei der Vergleichsgruppe aus ethischen Gründen nicht möglich.

Es gibt noch eine Vielzahl an Aspekten, die bei der Planung und Durchführung der Studie wichtig sind:

- Dosierungsart
- Kontrollgruppenauswahl
- Datenauswertungsmethode
- Auswahl der Personen (Einschluss- und Ausschlussverfahren)
- Prüfplan
- Studienregistrierung

Durchführung und Planung einer Studie

Der Thalidomid-Contergan-Skandal 1961 und 1962, bei dem die schweren Nebenwirkungen des Wirkstoffs Thalidomid erst Jahre später bekannt wurden, war einer der Hauptauslöser für das Beschließen strengerer Bestimmungen bei der Einführung von neuen Medikamenten. Das Beruhigungsmittel Contergan konnte, bei Einnahme in den ersten Monaten der Schwangerschaft, zu Schädigungen bei den Föten führen. Für Schwangere wurde es bis zum Ende der 1950er Jahre als Beruhigungs– und Schlafmittel empfohlen. Vertrieben wurde dieses Medikament von Oktober 1957 bis November 1961 und wurde dann im August 1961 rezeptpflichtig, wegen möglicher Nebenwirkungen auf das Nervensystem.

Es kam vermehrt durch die Einnahme von Contergan zu schweren Missbildungen bei Neugeborenen. Man spricht von weltweit etwa 5000 – 10.000 geschädigten Kindern. Erst Ende der 1961er Jahre wurde der Zusammenhang entdeckt und das Medikament vom Markt genommen.

- Studienprogramm festlegen, Zielrichtung und grobe Planung des Ablaufes mehrerer Studien hintereinander

- Prüfplan der einzelnen Studien:
    a. Ziele und zu überprüfende Hypothese
    b. Studiendesign
    c. Behandlung (Dosierung, das Medikament uvm.)
    d. Statistische Auswertungsmethoden
    e. Aus- und Einschlusskriterien für Patienten
    f. Messwerte wie Blutwerte, Leberwerte, Urinuntersuchungen
    g. Planung der Visite, bei der Messwerte festgelegt werden
    h. Abbruchkriterien

(Das Studienprotokoll bedarf einer behördlichen Genehmigung)

- Patientenrekrutierung: Werte wie Geschlecht, Alter, Gewicht, Laborwerte usw. von den Kandidaten erheben.

- Durchführung der Studie durch die Pharmaindustrie oder spezialisierte Dienstleister

- Statistische Analyse und entsprechende Berichte. Je nach Studie dient der Bericht zur Publikation oder der Zulassung

Studienbeispiele

Eine Studie kann man in vielen verschiedenen Bereichen durchführen. Jedes Medikament hat Nebenwirkungen und somit besteht auch immer ein Risiko bei der Einnahme. Deshalb gibt es auch Studien beispielsweise zur Medikamentenabhängigkeit. Ebenfalls werden auch Studien durchgeführt für bestehende Krankheiten. Was ist der Auslöser für diese Krankheit? Welches Medikament wirkt besser? Bewirkt körperliche Aktivität eine schnellere Genesung? Erhöht Rauchen das Risiko für Lungenkrebs? Und viele mehr.

MEDIKAMENTENABHÄNGIGKEIT

Tabletten können in vielen Lebensbereichen hilfreich sein. Sei es bei Kopfschmerzen, Ängsten, Schlafstörung oder Erschöpfung. In einer akuten Situation spricht auch nichts dagegen, allerdings sind sie auf Dauer oft keine gute Lösung. Neben Alkohol, Nikotin oder Drogen können auch Medikamente abhängig machen. Vor allem Schlaf- und Beruhigungsmittel sind hier ganz vorn dabei.

Etwa 4 – 5 % aller verordneten Arzneimittel haben ein Suchtpotential. Nach Schätzungen von Experten leiden mindestens 1,2 Millionen Menschen allein bei diesen Mitteln an einer Abhängigkeit. Oft ist den Betroffenen gar nicht bewusst, dass sie an einer Abhängigkeit leiden oder kurz davor sind. Von einer Abhängigkeit spricht man dann, wenn ein Medikament ohne ärztlichen Rat in unangemessener Dosierung eingenommen wird, oder das Medikament länger eingenommen wird als notwendig. Um eine Diagnose stellen zu können, orientiert man sich an der International Classification of Diseases an Related Health Problems, 10. Revision kurz gesagt ICD. Dies ist ein internationales Klassifikations-system der Weltgesundheitsorganisation. Allerdings erfasst dieses System gewisse Formen der Abhängigkeit nicht ausreichend. Schlaf- und Beruhigungsmittel der Familie der

Benzodiazepine werden in vielen Fällen jahrelang ohne Erhöhung der Dosis eingenommen. Diese Arzneimittel beinhalten oft starke, meist nicht entdeckte, Nebenwirkungen. Eine der Nebenwirkungen kann der Wirkverlust sein. Das Medikament wirkt nicht mehr wie zu Beginn, führt aber dennoch, nach absetzen, zum Auftreten der Ausgangsbeschwerden.

Betroffene haben dann nicht die Vorstellung, dass sie möglicherweise abhängig sein könnten, sondern dass sie dieses Medikament brauchen. Die nächste Stufe der Nebenwirkungen wird oft nicht als solche erkannt, da sie schleichend auftreten und eine Ähnlichkeit mit den Ausgangsbeschwerden haben können. Diese Veränderung wird nicht als Abhängigkeit bezeichnet. Dies ist laut den Medizinern eine Niedrigdosisabhängigkeit. Die Medikamentenabhängigkeit tritt meist erst in einem späteren Verlauf der Einnahme ein oder bei zusätzlichem Konsum von Alkohol oder anderen Drogen.

Die Diagnose richtet sich nach sechs Kriterien. Wenn eine Person innerhalb der letzten zwölf Monate mindestens drei der Kriterien gleichzeitig erfüllt, kann von einer Medikamentenabhängigkeit ausgegangen werden:

- Starker Wunsch bzw. Zwang, dieses Medikament einzunehmen.
- Eingeschränkte Kontrollfähigkeit bezüglich des Beginns, der Menge und der Beendigung.
- Körperliche Entzugserscheinungen oder Einnahme anderer Medikamente beziehungsweise Alkohol, um die Symptome zu lindern.
- Wirkungsverlust, sodass höhere Dosierungen notwendig sind.
- Vernachlässigung von Interessen. Der Patient bleibt lieber Zuhause als auszugehen oder nutzt die Zeit, um sich das Medikament zu beschaffen.
- Medikament wird trotz nachweislicher eindeutiger Schäden weiter eingenommen.

Durch die kontrollierte Verschreibung der Medikamente ist eine Abhängigkeit oft schwer zu festzustellen. Diese wird meist erst beim Absetzen des Medikaments durch die Entzugserscheinungen deutlich. Eine Studie der

Universitäten Ulm, Heidelberg und Tübingen hat herausgefunden, dass Ärzte gewisse Medikamente zu lange verschreiben. Das Universitätsklinikum Hamburg-Eppendorf fand heraus, dass diese im Durchschnitt bis zu 132 Tage verschrieben werden. Empfehlenswert sind aber nur 8 – 14 Tage.

PHANTOMSCHMERZ

Der Verlust eines Körperteils ist ein tiefer Einschnitt im Leben des Betroffenen. Etwa 75 % aller Patienten leiden nach dessen Entfernung an Schmerzen in dem nicht mehr vorhandenen Körperteil. Neben den Nerven im Stumpf, die nun dauerhaft erregt werden, besitzt jeder Mensch ein sogenanntes Schmerzgedächtnis.

Dieser Teil unseres Gehirns erinnert sich an die Schmerzen vor und während der Amputation. Dies wird dann als Phantomschmerz bezeichnet und kann bei einigen Betroffen zu sehr schlimmen Schmerzen führen. Um diese gespeicherten Schmerzen aus dem Gedächtnis zu löschen, hat das Ausgründungsprojekt des Life Science Inkubators „med4life“ die entwickelte Small Fiber Matrix Stimulation auf die Therapie des Phantomschmerzes erweitert. In der Studie am Universitätsklinikum Bonn wurden 23 Patienten mit einer Teilamputation und Phantomschmerzen befragt. Zuerst wurde eine Kontrollphase zur Dokumentation der täglichen Schmerzen durchgeführt.

Darauf folgte eine Therapiephase, in der die Betroffenen morgens und abends jeweils 20 Minuten ihren Stumpf selbstständig mit der Small Fiber Matrix Stimulation behandelten. Die ersten Ergebnisse zeigten, dass sowohl Schmerzen wie auch Schmerzempfindlichkeit durch die Behandlung deutlich verringert wurden. Während der Anwendung ist der Hauptschmerz nicht mehr aufgetreten und die schmerzfreien Tage wurden häufiger.

Dr. Tobias Weigl, Leiter des Inkubationsprojektes sagte dazu: „So können wir Menschen mit Amputationen helfen. Sie müssen nicht nur den Verlust eines Armes oder Beines verkraften, sondern leiden noch dazu an starken

Schmerzen, Schlafstörungen und Depressionen."

PSYCHISCHE STÖRUNG

Der deutsche Studienleiter Hans-Ulrich Wittchen sagte: „Wieso sollte unser Gehirn im Gegensatz zum Rest des Körpers gesünder sein, obwohl es wesentlich komplexer ist als alle anderen Organe".

Eine der bis jetzt größten Studien zu diesem Thema ergab, dass jeder dritte EU–Bürger mindestens einmal in jedem Jahr an einer neurologischen oder psychischen Störung leidet.

Häufig traten hier Angsterkrankungen, Schlaflosigkeit und Depressionen auf. Nach einer umfangreichen Analyse mit bereits vorhandenen Daten in den Ländern der EU, der Schweiz, Norwegen, und Island ergab sich eine Gesamtzahl der betroffener Menschen pro Jahr von 164,8 Millionen. Darunter leiden demnach allein 61,6 Millionen Menschen an einer Angststörung, 6,3 Millionen an Demenzerkrankungen und unter Depressionen über 30 Millionen. Erkrankungen wie Schlaganfall, Multiple Sklerose oder Morbus Parkinson wurden in der Statistik nicht berücksichtigt. Nach Angaben der Forscher gibt es keinen Unterschied bei Männern und Frauen bei der Anzahl der psychischen Erkrankungen, einen Unterschied gibt es allerdings bei der Art der Störung. So haben Männer beispielsweise öfter als Kind ADHS und später Suchterkrankungen. Frauen hingegen leiden häufiger unter Depressionen, Essstörungen oder Angsterkrankungen.

UNTERDISZIPLINEN DER KLINISCHEN PSYCHOLOGIE

Die Klinische Neuropsychologie ist ein spezielles Gebiet der Klinischen Psychologie. Sie beschäftigt sich mit Änderungen des zentralen Nervensystems, Umständen die schadenbedingt sind und den sich daraus ergebenden gestörten Funktionsbereichen.

Eine starke Überschneidung mit der Klinischen Psychologie hat auch die Gesundheitspsychologie. Die Aufgaben dieses Bereiches sind sozialen Faktoren von Krankheiten, wie Stress, gesundheitsförderlichem Auftreten, ebenfalls in Bezug auf die seelische Gesundheit, und sozialen Fragen nach wirkungsvoller Vorbeugung nachzugehen.

Oft wird es aber auch als geteilter Bereich der Klinischen Psychologie aufgegliedert. Geht es etwa um Folgeerkrankungen von Stress, Auswirkungen von Schichtarbeit oder Traumata bei bestimmen Berufsgruppen, dann gibt es weitere Überschneidungen zur Arbeits- und Organisationspsychologie.

Ausbildung

Um die Ausbildung zum psychologischen Psychotherapeuten zu starten, ist ein abgeschlossenes Studium der Psychologie, welches das Fach Klinische Psychologie beinhaltet, Voraussetzung. An deutschen Fernuniversitäten wird dieses Fach nicht gelehrt und es wird ausschließlich in Verbindung mit Präsenzveranstaltungen in der Schweiz angeboten.

Die Ausbildung zum klinischen Psychologen ist in Österreich durch das Psychologengesetz geregelt. Ein beendetes Studium der Psychologie mit mindestens 300 ECTS (Europäisches System zur Übertragung und Akkumulierung von Studienleistungen) sowie ein Nachweis von mindestens 75 ECTS aus der psychologischen Diagnostik, Förderung der Gesundheit und Rehabilitation, gesundheitspsychologischen Interventionen und Klinischen Psychologie sowie Psychopathologie sind Voraussetzungen. Man benötigt ebenfalls die psychische, physische und persönliche Befähigung durch ärztliche Atteste und ein Aufnahmegespräch.

120 Einheiten Supervision, 76 Einheiten Selbsterfahrung sowie 2098 Praxisstunden und 340 theoretische Einheiten müssen absolviert werden. Die Ausbildung, die rein theoretisch ist, wird mit einer niedergeschriebenen Prüfung abgeschlossen. Das Grundmodul gliedert sich in „Klinische- und

Gesundheitspsychologie“ mit 220 Einheiten. Das Aufbaumodul „Klinische Psychologie“ mit 120 Einheiten kann dann gewählt werden. Es ist auch möglich, das Aufbaumodul „Gesundheitspsychologie“ zu wählen, dass für die Ausbildung zum Gesundheitspsychologen benötigt wird.

Nachdem die theoretische und praktische Ausbildung abgeschlossen ist, muss zum Erlangen der fachlichen Kompetenz eine mündliche Prüfung abgelegt werden.Wer diesen theoretischen Lehrgang anbietet, muss vom österreichischen Bundesministerium für Gesundheit anerkannt sein.

Für die Aufsicht sind klinische Psychologen zu beauftragen, die seit mindestens 5 Jahren als solche erwerbstätig sind. Bei klinischen Psychologen, Psychotherapeuten, Gesundheitspsychologen oder Fachärzten für Psychiatrie und psychotherapeutische Medizin müssen mindestens 120 Einheiten Selbsterfahrung abgeschlossen sein.

Manipulation im Alltag

Bevor darauf eingegangen werden kann, wie man manipulative Manöver anderer Menschen für sich erkennen, einsetzen und/ oder abwehren kann, soll zuvor die Frage geklärt werden, was mit dem Begriff der Manipulation überhaupt gemeint ist: Welche psychologische Definition liegt der Bezeichnung *Manipulation* zugrunde? In den darauffolgenden Kapiteln wird die Vielzahl an Strategien und Techniken dargelegt, derer man sich in der Regel bedienen kann, um andere Menschen zu beeinflussen. Im Anschluss daran werden außerdem praxisbezogene Contra-Taktiken aufgezeigt, mit deren Hilfe man die zuvor aufgeführten Manipulationversuche effektiv aushebeln kann.

WAS IST MANIPULATION?

Laut seiner etymologischen Wurzeln lässt sich der Begriff *Manipulation* aus zweierlei Sprachen herleiten: Zum einen ist das Wort *Manipulation* aus dem Französischen entlehnt, dessen Äquivalente *manipulation* für Handhabung bzw. *manipule* für [eine] Handvoll stehen (vgl. Bibliographisches Institut GmbH 2021). Gebraucht wurde der Begriff laut dem DWDS vor allem für die chemische Bearbeitung von Metallen und Mineralien.

Manipulation bezieht sich in diesem Zusammenhang auf die Handgriffe bei deren Gewinnung (vgl. Pfeifer 1993). Zum anderen lässt sich die Bezeichnung auf seine lateinischen Ursprünge, nämlich *manipulus*, zurückführen: *manus* steht hierbei für die Hand, während das Suffix *-plēre* „füllen" meint (vgl. ebd.). Sowohl im Französischen als auch im Lateinischen lassen sich bereits klassifizierende Aspekte erkennen, die dem Begriff der Manipulation nachgesagt werden: die Handhabung einer spezifischen Situation bzw. das Hantieren mit bestimmten Mitteln, Techniken und Methoden.

Laut des Online-Lexikons für Psychologie und Pädagogik wird die Bezeichnung *Manipulation* daher wie folgt definiert:

> „Als Manipulation bezeichnet man in der Psychologie ganz allgemein die soziale Einflussnahme, die für die Betroffenen sowohl positiv wie negativ sein kann, d. h., die wissenschaftliche Perspektive ist zunächst neutral. Im Speziellen bezeichnet Manipulation aber meist die gezielte und verdeckte Einflussnahme auf das Erleben und Verhalten von Einzelnen oder Gruppen, wobei den Betroffenen diese Einwirkung verborgen bleiben soll. Als Manipulation bezeichnet man konkret die Handhabung und Steuerung eines Menschen durch geschicktes Ausnutzen seiner Anlagen und Eigenschaften mit dem Ziel, ihn für ihn unmittelbar fremde Ziele zu benutzen. Manipulation bezeichnet in der Psychologie dabei meist die gezielte Beeinflussung von Menschen ohne deren Wissen und Zustimmung, wobei Manipulation zwischen Zwang und Überzeugung liegt, und in vielen Fällen die oder der Manipulierte zwar Möglichkeiten hat, sich gegen die Manipulation zu wehren, doch wird seine abwägende Entscheidung nicht gefördert, sondern unterdrückt oder einfach übergangen." (Stangle 2021)

Bei einer Manipulation handelt es sich somit um ein bewusstes, in der Regel gelenktes Beeinflussen anderer Menschen, oftmals mit dem Ziel, die eigenen Standpunkte, Ansichten oder Pläne im Zuge dessen umzusetzen. Die Mittel und Werkzeuge, mit denen manipuliert wird, sind meist nicht offensichtlich erkennbar und werden auf subtile Art und Weise eingesetzt. Das heißt, das Gegenüber ist sich der Manipulation in der Regel nicht bewusst. Die Beeinflussung geschieht zumeist also ohne das Wissen der Betroffenen. Ebenfalls machen sich manipulative Menschen die Eigenschaften, Charakterzüge, persönlichen Wertmaßstäbe und Vorstellungen ihres Gegenübers im Zuge dessen zunutze. So entsteht unter anderem der Eindruck, dass dem

Gegenüber seine Entscheidungsfreiheit erhalten bliebe, was jedoch nicht der Fall ist (vgl. Spektrum der Wissenschaft Verlagsgesellschaft mbH 2021).

Um die Manipulation anderer Menschen frühzeitig zu erkennen, sie abzuwehren und/ oder sie selbst für sich zu nutzen, ist es zuvor essenziell zu wissen, welche spezifischen Manipulationsarten es gibt. Daher werden im Folgenden die rudimentärsten Manipulationsstrategien und -techniken aufgeführt werden, bevor im weiteren Verlauf in einer Schritt-für-Schritt-Anleitung aufgezeigt wird, welche Tricks es gibt, um jenen Techniken konträr entgegenzuwirken.

MANIPULATIONSSTRATEGIEN UND -TECHNIKEN

Es gibt eine Vielzahl unterschiedlicher Arten, um einen Menschen manipulativ zu beeinflussen. Im Folgenden wird der Fokus auf vier grundlegenden Strategien liegen, derer sich Manipulatoren bedienen, um ihre eigenen Zwecke zu erreichen (vgl. Erdmüller & Wilhelm 2019):

1) Die Blockadestrategie

- **Ziel:** Ziel dieser Strategie ist es, dass die Intention des Gegenübers im Dialog verhindert, sprich blockiert, wird. Das eigentliche Gespräch soll fortgesetzt werden, im Idealfall geführt von der manipulativen Person selbst, jedoch ohne den Hintergrund, dass diese für sich ein konkretes Ziel verfolgt.

- **Umsetzung:** Die Blockadestrategie kann auf zweierlei Wegen erfolgen, entweder passiv-defensiv oder aktiv-offensiv.

➤ Im Fall einer passiv-defensiven Blockadestrategie verhält sich die manipulative Person in der Regel ausweichend. Sie beharrt oftmals auf ihren eigenen Standpunkt, verweigert weiterführende, hilfreiche Erklärungen sowie Informationen und erweckt den Eindruck eines lediglich oberflächlichen Scheininteresses am Gesprächsthema, während sie weder wirkliche Antworten auf persönliche Fragen gibt noch tatsächliches Verständnis für die Ansichten des Gegenübers zeigt. Ein Beispiel: Sie finden sich im Dialog mit einem Menschen wieder, der sich zwar gewillt zeigt, mit Ihnen zu reden, doch im Verlauf der Unterhaltung immer wieder durch Unhöflichkeit glänzt, Sachen äußert wie „Keine Ahnung, was Ihr Problem ist, Sie sind doch selbst schuld" und sich im Anschluss weigert, einzusehen, warum er sich für sein Benehmen entschuldigen sollte.

➢ Im Fall einer aktiv-offensiven Blockadestrategie lenkt die manipulative Person in der Regel von der eigentlichen Problemlage ab und baut metaphorische „Nebenkriegsschauplätze" (ebd., Seite 17) auf. Dies tut sie, indem sie oftmals vorgibt, sich zu verzetteln, bewusst ihr Gegenüber missversteht, spezifische Angelegenheiten aufbauscht, an diversen Stellen Scheinargumente aufbringt und „Nebelkerzen" (ebd.) wirft, das heißt, dass sie viel redet, ohne wirklich etwas zu sagen. Ein Beispiel: Sie unterhalten sich mit einer Person aus Ihrem Arbeitskollegium, mit der Sie ein längerfristiges Problem klären wollen. Anstatt sich jedoch auf das Gespräch einzulassen, kommt Ihr Gegenüber immer wieder auf Nebensächlichkeiten zu sprechen, erweckt den Eindruck von Dringlichkeit (zum Beispiel, indem er Ihnen vorwirft, dass Sie ihn aufzuhalten) oder Ähnliches.

2) Die Durchsetzungsstrategie

- **Ziel**: Auch im Rahmen der Durchsetzungsstrategie ist der Manipulator darauf bedacht, das eigentliche Gespräch zu führen und fortzusetzen, doch anders als in der Blockadestrategie verfolgt er nun ein konkretes Ziel.

- **Umsetzung**: Die Durchsetzungsstrategie kann durch überzeugungsorientiertes bzw. nicht überzeugungsorientiertes Verhalten umgesetzt werden.

➢ Ein überzeugungsorientiertes Verhalten umfasst zum Beispiel die Nutzung von bewussten Argumentationsfallen und/ oder das Vorbringen von Scheinargumenten sowie Überredungstaktiken. Das heißt, die manipulative Person schreckt nicht vor Einschmeichelungen (im Sinne eines Appellierens an Prestige und Eitelkeit des Gegenübers), Einschüchterungen (im Sinne eines autoritären Aufspielens) oder Verunsicherungen (im Sinne der eigenen Lösung als ultimative Rettung) zurück. Hierbei werden auf emotionaler Ebene Zugeständnisse gemacht, die dazu führen sollen, dass das Gegenüber auf objektiver Ebene im Gespräch Gegenleistungen erbringt. Ein Beispiel: Sie werden in einem Modegeschäft darauf angesprochen, dass Sie attraktive Augen besitzen. Ihr Gegenüber lenkt Ihre Aufmerksamkeit im Laufe des Gespräches auf Ihre Augenfarbe, die noch besser durch die neu gelieferte Kleidungskollektion hervorstechen würde, weshalb Sie diese unbedingt kaufen sollten.

- Sollte die manipulative Person eine Durchsetzungsstrategie verfolgen, die nicht durch überzeugungsorientiertes Benehmen geprägt ist, so erreicht sie dies vor allem durch persönliche Angriffe auf ihr Gegenüber, das Aufschaukeln von Emotionen, die Wiedergabe selektiver Informationen (=Halbwahrheiten), das Erzeugen von Zeitdruck und/ oder eines schlechten Gewissens, Erpressung/ Drohung/ aktives Lügen sowie das Anbringen von Scheinkonzessionen. Der zu besprechende Sachverhalt wird im Dialog als nicht verhandelbar abgetan; weiterhin sind Aussagen wie „Das ist mein letztes Angebot. Wenn Sie nicht einverstanden sind, dann…“ und ähnliche hierbei als exemplarische Phrasen zu erwarten.

3) Sabotage IM Gespräch

- **Ziel**: Wie der Name dieser Strategie bereits vermuten lässt, ist es das Ziel der manipulativen Person, das eigentliche Gespräch zu sabotieren. In der Regel soll die geführte Unterhaltung beendet werden, ohne dass der Manipulator in irgendeiner Weise Verantwortung übernehmen muss.

- **Umsetzung**: Dieses Ziel kann durch eine Vielzahl an unterschiedlichen Taktiken erreicht werden, zum Beispiel durch die bisher angesprochenen Techniken.

Dazu gehören: das absichtliche Missverstehen, das Provozieren durch beleidigendes Verhalten (mit der Intention, dass die Unterhaltung abgebrochen wird), Unterstellungen, unkooperatives Benehmen, Lügen, Vortäuschungen (unter anderem auch überspitzte, emotionale Reaktionen), das

Erzeugen von Zeitdruck und/ oder eines schlechten Gewissens, das Beharren auf die eigene Meinung sowie das Verweigern weiterführender Erklärungen, hilfreicher Informationen und eigener Antworten.

4) Sabotage NACH dem Gespräch

- **Ziel**: Diese Strategie ist der vorherigen in vielerlei Hinsicht ähnlich. Der einzige Unterschied ist der Zeitpunkt der Sabotage. Das heißt, der Manipulator benutzt ähnliche Mittel und Methoden zur Umsetzung seines Zieles, in der Regel jedoch nicht während der Unterhaltung, sondern danach. Im Dialog zeigt er sich zumeist kooperativ, während es sein Ziel nach dem Gespräch ist, die entsprechenden Vereinbarungen, Lösungen etc. durch spezifische Techniken zu untergraben, aufzuheben oder zum Scheitern zu bringen.

- **Umsetzung**: Um dieses Ziel zu erreichen, wird die manipulative Person in der Regel die getroffenen Entscheidungen und Vereinbarungen nach eigenem Ermessen uminterpretieren und/ oder nicht einhalten, in Gegenwart von weiteren Menschen verbale Hetze betreiben und/ oder Intrigen aufbauen sowie Hindernisse und Blockaden aufbauen, die es unmöglich machen, die getroffenen Vereinbarungen einzuhalten.

Um diese Manipulationsstrategien zu bekräftigen, nutzen Manipulatoren in der Regel eine Vielzahl an diversen Manipulationstechniken. Hierzu gehören unter anderem (vgl. Hahn 2021):

- Um Zeit- oder Entscheidungsdruck zu erschaffen, nutzen manipulative Personen in der Regel ein Entweder-oder-Argument. Auf diese Weise entstehen Aussagen wie zum Beispiel „Entweder machen wir das jetzt so oder wir lassen es ganz sein.“, wodurch beim Gegenüber der Eindruck vermittelt wird, dass es lediglich zwei Wahlmöglichkeiten im Entscheidungspool gibt, er jedoch derjenige ist, der die entsprechende Wahl fällt. Diese Vorstellung ist allerdings oftmals nur eine Scheinsuggestion, denn die manipulierende Person setzt dieses Argument in der Regel so ein, dass ihr Gegenüber den Beschluss fällt, den sie von Beginn an im Fokus hatte.

- Weiterhin beeinflussen Manipulatoren durch Wiederholungen bestimmter Ansichten, Aussagen und Verhaltensweisen, meist in Relation mit ihrer Engstirnigkeit (zum Beispiel, indem sie auf den eigenen Standpunkt beharren oder Unverständnis vorgaukeln), aber auch in der Umsetzung persönlicher Ziele — das meint, ihre Aussagen werden einschlägiger und selbstverständlicher, wodurch ihre Intention bekräftigt wird.

- Der Fehlschluss mit falschen Alternativen gehört ebenfalls zum Repertoire der Manipulationstechniken. Diese Argumentationsstruktur ist der Entweder-oder-Taktik ähnlich, mit der Ausnahme, dass zu den bestehenden Wahlmöglichkeiten eine Alternative hinzugefügt wird, die augenscheinlich die einzig praktikable Lösung darstellt, weil „alle anderen Möglichkeiten schlecht oder bereits ausgeschöpft sind“ (vgl. ebd.). Dass keine weiteren Lösungswege existieren, stellt hierbei einen logischen Fehlschluss dar. Ein Beispiel: „Weil sich herausgestellt hat, dass die Idee des Kollegen nicht funktioniert hat, sollten wir meinen Vorschlag in Betracht ziehen, um zu einer schnellen Lösung zu gelangen.“

- Manipulatoren behelfen sich gerne einer Manipulation durch Statistiken und Zahlen. Gemeint ist in diesem Zusammenhang, dass sich die manipulative Person bei dieser Methode auf Fakten in Form von Statistiken und Ähnlichen beruft, um ihre Aussagen möglichst präzise und glaubwürdig klingen zu lassen. Ob die herangezogenen Resultate der Wahrheit entsprechen, ist für sie in diesem Zusammenhang weniger von Relevanz.

- Die Manipulation durch namhafte Nennung ist eine weitere Methode, derer sich manipulative Personen bedienen. Wie die Bezeichnung bereits suggeriert, wird sich hierbei auf die Meinungen und Standpunkte von Expert/innen, Wissenschaftler/innen und Autoritäten berufen, um die eigene Aussage zu stützen. In der Regel bleibt die Nutzung dieser Technik unspezifisch, das heißt, es handelt sich bei den eigentlichen Aussagen oftmals um unklare Phrasen. Ähnlich wie bei der Manipulation durch Statistiken und Zahlen ist nicht sicher, wie viel Wahrheitsgehalt der Nennung namhafter Persönlichkeiten anhaftet; das heißt, es bleibt ebenfalls unklar, ob die genannten Menschen überhaupt jene Standpunkte vertreten haben. Ein Beispiel: „Ich bin nicht die einzige Person, die so denkt. In einer Studie habe ich gelesen, dass eine Vielzahl von Fachleuten meine These bestätigen kann."

- Manipulation kann ebenfalls durch eine Technik, die sich auf die Anzahl der Anhänger fokussiert, praktiziert werden. Diese Technik ist deshalb so effektiv, weil sich „nur sehr wenige [sich] gegen die Meinungsmehrheit stellen wollen" (vgl. ebd.). Exemplarische Aussagen wären zum Beispiel Phrasen wie „Alle außer dir denken so" oder „Ich habe die anderen danach gefragt; keiner hält sich so sehr daran auf wie du".

- Eine weitere Manipulationstechnik ist der sogenannte Brunnenvergifter. Die manipulative Person nutzt diese Technik, noch bevor ihr Gegenüber ein Gegenargument hervorbringen kann. Dadurch, dass der Mensch in der Regel einen von Natur aus harmoniebedürftigen Charakter besitzt, ist die Wahrscheinlichkeit gering, dass sich das Gegenüber — ähnlich wie bei der Anzahl-der-Anhänger-Taktik — gegen seinen Manipulator stellt. Beispiele (vgl. ebd.) wären: *Es weiß doch jeder, dass.../ Niemand wird bezweifeln, dass.../ Jedes Kind weiß, dass.../ Es ist unbestritten, dass.../ Alle sind sich einig, dass ...*

- Manipulationen können weiterhin durch persönliche Garantien vollzogen werden. Der Fokus liegt in diesem Zusammenhang, wie die Bezeichnung bereits vermuten lässt, auf einer persönlichen Garantie des Sprechers, der sich für die Gleichwürdigkeit seiner Aussage verbürgt. Im Umkehrschluss bedeutet dies: Wer an der Glaubwürdigkeit der Aussage zweifelt, zweifelt ebenso an der Glaubwürdigkeit der jeweiligen Person. Der Manipulator kann dies für sich nutzen, indem er jenes Verhalten als Beleidigung auffasst bzw. als Basis für das emotionale Aufschaukeln, das Missverstehen spezifischer Aussagen oder Ähnliches.

- Zudem stellen sogenannte Killerphrasen Manipulationstechniken dar. Indem der zur Diskussion stehende Sachverhalt als altvertraut dargestellt wird (ergo: Es wurde schon immer so gemacht und hat sich seither bewährt), werden Neuerungen, Veränderungen, Verbesserungen etc. aktiv blockiert. Schlagworte wie *Tradition, Vertrautheit, altbewährt* und ähnliche tauchen hierbei oftmals in den jeweiligen Phrasen auf. Ein Beispiel: „Wir haben bisher immer auf diese Weise gearbeitet, es ist Tradition und hat sich stets bewährt!“

- Eine letzte Manipulationstechnik ist der Zirkelschluss. Hierbei begründet der Manipulator seinen Standpunkt mit denselben Argumenten, wobei er die Formulierung mehrmals umwandelt, da es ihm in der Regel an weiteren, bekräftigenden Argumenten fehlt. Der Effekt, der im Zuge dessen entsteht: Dem Gegenüber fällt im ersten Moment nicht auf, dass es sich um das gleiche Argument handelt bzw. ihm durch weitere Wiederholungen die Meinung der manipulativen Person einzubläuen versucht wird.

ABWEHR GEGEN MANIPULATIONEN

Wie kann man jene aufgelisteten Manipulationsstrategien und -techniken nun effektiv aushebeln? Zur Beantwortung dieser Frage soll auf der Grundlage bisheriger Quellen eine Schritt-für-Schritt-Anleitung herangezogen werden, nach der Sie vorgehen können, um sowohl mit den unterschiedlichen Strategien umgehen zu lernen als auch jenen Techniken entgegenwirken zu können (vgl. Erdmüller & Wilhelm 2019 und Hahn 2021).

Schritt I: Taktiken erkennen

Um mit einer Manipulation umzugehen, ist es wichtig, die Strategien und Techniken als solche zu erkennen (siehe Kapitel: Manipulationsstrategien und -techniken). Haben Sie diese erst einmal identifiziert, ist es einfach, die jeweiligen (non-)verbalen Mittel und Methoden zu durchschauen, deren sich Manipulatoren in der Regel behelfen.

> „Überlegen Sie, welche Strategie der Manipulator verfolgt. [...] Ziel ist zu erkennen, was der Manipulator bezweckt. Ist die manipulative Absicht erst einmal durchschaut, kann man auch besser reagieren. [...] Ziel ist, die eigenen Interessen auf

> faire Art und Weise zu wahren.“ (Erdmüller & Wilhelm 2019, Seite 12)

Greifen Sie danach auf die im Folgenden aufgelisteten Schutz- sowie Abwehrtechniken zurück, damit Sie die Manipulation mittels effektiver Praktiken bereits im Kern unterbinden können.

Schritt II: Gegenmaßnahmen ergreifen

Für den grundlegenden Umgang mit manipulativen Menschen gibt es Richtlinien, an die Sie sich im Allgemeinen halten können. Dazu zählen:

1) <u>Bewahren Sie Ihre Sachlichkeit</u>. Eine der effektivsten Taktiken innerhalb von Manipulationsstrategien ist es, durch emotionale Ausbrüche oder ähnliche Verhaltensweisen negative Empfindungen beim Gegenüber zu provozieren, zum Beispiel Ärger, Frust oder Wut. Auf diese Weise wird der Fokus von den jeweils vorgebrachten Argumenten genommen. Dies gilt es jedoch zu verhindern, demnach: Bewahren Sie möglichst Ihre Objektivität, achten auf tatsächliche Argumente und Begründungen, sowohl in Ihrer eigenen Meinung als auch der Ihres Gegenübers. Bleiben Sie fair.

2) <u>Bewahren Sie Ihre Ruhe</u>. Ähnlich, wie auch im vorherigen Punkt beschrieben, gilt es, neben der Objektivität der Diskussion auch Ihre eigene Fassung zu behalten und Gelassenheit nach außen hin zu projizieren.

3) <u>Agieren Sie</u>. Intentional oder nicht bereitet sich ein manipulativer Mensch darauf vor, Sie emotional werden zu lassen – entweder indem er Sie aktiv provoziert oder indem Sie schlussendlich genug haben und die Flucht ergreifen. Reaktionen wie diese sind nicht unüblich, sogar normal, doch sie helfen leider nicht im Umgang mit Manipulatoren. „Im Grunde läuft bei einer aktiven Manipulation eine Art Reiz-Reaktionsmechanismus ab. Diesen Mechanismus gilt es zu durchbrechen, um die Gesprächskontrolle zu behalten.“ (ebd., Seite 13). Deshalb: Bevor Sie das Benehmen Ihres Gegenübers als solches hinnehmen, beziehen Sie aktiv Stellung, auch wenn es Ihnen zu Beginn schwerfällt.

4) Verfolgen Sie Ihr Ziel. Manipulatoren spielen mit Ihrer Konzentration. Deshalb: Lassen Sie sich nicht von Ihrem eigentlichen Ziel abbringen, egal, ob es sich hierbei um eine Problemlösung im Arbeitskollegium handelt oder um einen zwischenmenschlichen Dialog. Bleiben Sie hierbei hartnäckig und unbeirrt. Um sich dies zu erleichtern, können Sie sich bereits im Vorfeld der Diskussion ein konkretes Ziel vor Augen führen, auf das Sie sich im Verlauf dessen fokussieren.

5) Richten Sie Ihre Konzentration auf konkrete Handlungsweisen. Vermeiden Sie möglichst stereotype Klassifizierungen wie „dieser Mensch ist halt einfach schwierig". Indem Sie dies tun, nehmen Sie die Manipulation als solche nicht ernst und erleichtern es Ihrem Gegenüber im Zuge dessen, diese fortzuführen. Hierbei kann es helfen, auf konkrete Verhaltensweisen zu achten und diese direkt anzusprechen. Auf diese Weise bremsen Sie effektiv die Wirkung der Manipulation.

6) Bauen Sie goldene Brücken. „Suchen Sie nach Möglichkeiten, wie das Gespräch wieder einen sachlichen, lösungsbezogenen Verlauf nehmen kann." (ebd., Seite 14).

Schritt III: Aktiv abwehren

Wie können die aufgeführten Gegenmaßnahmen nun in der Praxis aussehen (vgl. Erdmüller & Wilhelm 2019)?

1) Präzisieren Sie Ihre Fragen und hören Sie aktiv zu. Indem Sie konkrete Fragen stellen, sichern Sie automatisch ab, dass eine sachliche Diskussion stattfinden kann. Sie können sich hierbei geschlossener und offener Fragen bedienen. „Offene Fragen fordern ganze Sätze als Antwort, während man auf eine geschlossene Frage mit einem einzigen Wort oder der knappen Nennung einer Tatsache ausreichend reagiert hat." (ebd., Seite 26). Der Vorteil offener Fragen ist, dass Sie Ihr Gegenüber aktiv mit ins Gespräch einbringen sowie eigene Lösungsvorschläge vorbringen können. Die Antworten werden Ihnen in der Regel mehr Angriffsfläche bieten.

- ➢ Beispiel einer offenen Frage: Was wäre Ihrer Meinung nach eine angemessene Lösung?
- ➢ Beispiel einer geschlossenen Frage: Sind Sie damit einverstanden?

2) Ignorieren und Gedankengang fortsetzen. Indem Sie den Manipulationsversuch ignorieren, nehmen Sie ihm seine Wirkung und der manipulativen Person die Angriffsfläche. Selbst, wenn Sie Ihr Gegenüber dafür unterbrechen, sein Verhalten übergehen oder sich „dumm“ stellen müssen.

3) „Schallplatten mit Sprung“ aufstellen. Wie die Bezeichnung bereits vermuten lässt, kann man dem Manipulationsversuch ebenfalls seinen Effekt entziehen, indem man eine ähnliche Technik verfolgt wie die manipulative Person: durch Wiederholungen. Wiederholen Sie immer wieder, was Sie (nicht) möchten, welche Fragen und Ansichten Sie vertreten und worauf Sie Wert legen.

4) Aus der Situation austreten. Der Umgang mit Manipulatoren kann anstrengend und kräftezehrend sein, daher bleibt Ihnen manchmal nichts anderes übrig, als aus der Gesprächssituation auszutreten bzw. den manipulativen Menschen als solchen direkt anzusprechen. Hierzu:

- ➢ Unterbrechen Sie die Diskussion.
- ➢ Begründen Sie die Unterbrechung mit dem Manipulationsversuch, den Sie bewusst ansprechen.
- ➢ Nun besitzen Sie zwei Möglichkeiten: Entweder, Sie machen selbst einen Vorschlag — oder Sie bitten um eine Idee Ihres Gegenübers.

Durch die aufgelisteten Schutz- und Abwehrtechniken kann und wird es Ihnen gelingen, Manipulationsversuche von außen im Kern zu ersticken.

Fakten, die im Rahmen einer Studie bekannt wurden

Freundschaften, die zwischen dem Alter von 16 bis 28 geschlossen werden, sind oftmals sehr stabil und halten recht lange an.

• Menschen, die vermeintlich die besten Tipps geben, sind meistens die Personen mit den meisten Problemen.

• Im Allgemeinen bevorzugen Frauen eher Männer mit einer tieferen Stimmlage, weil diese selbstbewusster wirken und weniger Aggressionen ausstrahlen.

• Je schneller eine Person denkt und je intelligenter eine Person ist, desto schlechter ist ihre Handschrift.

• Wie jemand in einem Restaurant einen Angestellten behandelt, verrät sehr viel über den tatsächlichen Charakter.

• Auf welche Art wir kommunizieren, hat nichts mit unseren aktuellen Emotionen zu tun. Eigentlich ist genau das Gegenteil der Fall: Die Art der Kommunikation beeinflusst unsere Stimmung.

• Männer sind nicht witziger als Frauen, sie machen nur mehr Witze, egal, ob andere ihren Humor mögen oder nicht.

• Menschen mit einem hohen Schuldbewusstsein können sich meistens auch besser in andere Menschen hineinversetzen.

- Menschen, die schüchtern sind, erzählen eher selten über sich selbst, wenn sie es aber doch tun, dann in einer Art und Weise, dass andere Menschen denken, sie sehr gut zu kennen.

- Ruhiger, glücklicher und entspannter macht Musik mit eher höheren Frequenzen.

- Frauen haben doppelt so viele Schmerzrezeptoren am Körper, aber auch eine sehr viel höhere Schmerztoleranz.

- Wenn aufgrund von Gedanken, die im Gehirn kreisen, das Einschlafen schwerfällt, sollte man aufstehen und diese aufschreiben. So entspannt sich das Gehirn und das Einschlafen funktioniert besser.

- Wenn wir Dinge tun, vor denen wir im ersten Moment Angst haben, macht uns dies glücklicher.

- Am einsamsten fühlen sich meist die Menschen, die ihr ganzes Umfeld zufriedenstellen wollen.

- Im Durchschnitt können Freunde ein Geheimnis 47 Stunden und 15 Minuten auch geheim halten.

- Spürst du die Hand einer Person, die du liebst, werden Schmerzen als geringer empfunden und man macht sich weniger Sorgen.

- Intelligente Menschen sind bei der Auswahl ihrer Freunde wählerischer. Diese Menschen haben nicht so viele Freunde als der Durchschnitt.

• Wird der beste Freund oder die beste Freundin geheiratet, ist es um 70 % unwahrscheinlicher, dass es zu einer Scheidung kommt.

• Oft wechseln bi- oder multilinguale Menschen unbewusst ihre Persönlichkeit, wenn sie von einer Sprache in die andere wechseln.

• Reden Menschen über Dinge, die sie wirklich interessieren, wirken sie attraktiver.

• Schlechter für die Gesundheit als ca. 15 Zigaretten pro Tag zu rauchen, kann eine längere Zeit der sozialen Isolation sein.

• Dreht ein Mensch, bei einer Unterhaltung mit einer anderen Person, seine Füße etwas nach außen oder bewegt einen Fuß immer nach außen, ist dies ein Zeichen von Desinteresse.

• Wenn eine Frau mehr Männer als Freunde hat als Frauen, ist sie oft besser gelaunt.

Fazit

Psychologie ist ein Thema, von dem viele Menschen vermutlich kein klares Bild vor Augen haben.

Eine Definition dazu ist: „Psychologie ist die Wissenschaft vom Verhalten und Erleben des Menschen".

Es beinhaltet alles, was der Mensch ist, was er fühlt, denkt und wie er handelt. Um zu verstehen was im Inneren eines Menschen vor sich geht, gibt es viele verschiedene Denkmodelle. Diese gibt es in den Bereichen geistige, soziale und naturwissenschaftliche Denkmodelle. Die Psychologie wurde erst mit der Gründung des ersten Labors durch Wilhelm Wundt zu einem eigenständigen Forschungsgebiet.

Ab dem 20. Jahrhundert hat sich die Psychologie in unterschiedliche Richtungen aufgeteilt. Darunter zählen die psychodynamische Sichtweise, der Behaviorismus, die biologische Perspektive, evolutionäre Perspektive, Gestaltpsychologie, kognitive Perspektive sowie die systemische Perspektive.

Es entwickelten sich auch gewisse Teildisziplinen der Psychologie, wie die Allgemeine Psychologie, die Differentielle Psychologie und die Entwicklungspsychologie. Jedes dieser Gebiete beschäftigt sich mit verschiedenen Themen und hat eigene Vorgehensweisen.

Um das Erleben und Verhalten des Menschen untersuchen, erklären und voraussehen zu können, musste sich die Psychologie weiterentwickeln, was sie somit aber auch sehr komplex gemacht hat. Allerdings hat sie durch eine größere Anzahl von Beobachtungen und Studien viel herausfinden können. Viele Menschen leiden an einer psychischen Störung, die mit Hilfe der Psychologie diagnostiziert und vor allem eingeteilt werden kann. So können Menschen mit einem psychischen Leiden heutzutage gut behandelt werden und hierfür gibt es nicht nur eine Behandlungsmethode. Ebenfalls ist es aber auch möglich, gewissen psychischen Störungen vorzubeugen.

Die Psyche des Menschen ist ein sehr großes Feld, auf dem es noch viel zu erforschen gibt. Auch wenn die heutige Psychologie schon wahnsinnig viel weiß, ist das Ende der Fahnenstange noch nicht in Sicht. Es gibt noch so viel zu erfahren und zu erforschen!

Wir danken Ihnen für Ihr Interesse und Ihr Vertrauen. Als Dankeschön dafür, haben wir eine besondere Überraschung. Wir haben ein **exklusives Workbook, um sich Wissen anzueignen-Inklusive Lerntypentest**. Und diese erhalten Sie vollkommen kostenlos. Das klingt wunderbar? Dann warten Sie nicht lange und holen Sie sich Ihr Gratis-Geschenk.

Hier geht es zu Ihrem Gratis-Geschenk:

https://forms.gle/D7UEBwFcrs846M2F6

1. **Öffnen Sie die Kamera-App auf Ihrem Smartphone und richten Sie die Kamera auf den QR-Code.**
2. **Klicken Sie auf den Link, der Ihnen angezeigt wird und schon werden Sie zur Website weitergeleitet.**

Impressum

Herausgeber: Pegoa Global Media GmbH / Am Sandtorkai 27 / 20457 Hamburg
Kontakt: kontakt@pegoamedia.de
Coverbild: Shutterstock

Haftungsausschluss:
Die Nutzung dieses Buches und die Umsetzung der enthaltenen Informationen, Anleitungen und Strategien erfolgt auf eigenes Risiko. Der Autor kann für etwaige Schäden jeglicher Art aus keinem Rechtsgrund eine Haftung übernehmen. Haftungsansprüche gegen den Autor für Schäden materieller oder ideeller Art, die durch die Nutzung oder Nichtnutzung der Informationen bzw. durch die Nutzung fehlerhafter und/oder unvollständiger Informationen verursacht wurden, sind grundsätzlich ausgeschlossen. Rechts- und Schadenersatzansprüche sind daher ausgeschlossen. Dieses Werk wurde sorgfältig erarbeitet und niedergeschrieben. Der Autor übernimmt jedoch keinerlei Gewähr für die Aktualität, Vollständigkeit und Qualität der Informationen. Druckfehler und Falschinformationen können nicht vollständig ausgeschlossen werden. Es kann keine juristische Verantwortung sowie Haftung in irgendeiner Form für fehlerhafte Angaben vom Autor übernommen werden. Die bereitgestellten Analysen, Vorschläge, Ideen, Meinungen, Kommentare und Texte sind ausschließlich zur Information bestimmt und können ein individuelles Beratungsgespräch nicht ersetzen. Alle Informationen dieses Buches entsprechen dem Kenntnisstand zum Zeitpunkt des Verfassens dieses Buches. Eine Haftung für mittelbare und unmittelbare Folgen aus den Informationen dieses Buches ist somit ausgeschlossen.
Informieren Sie sich weitläufig aus unterschiedlichen Quellen und bedenken Sie, dass am Ende nur Sie für die Entscheidungen verantwortlich sind.

Haftung für externe Links:
Unser Angebot enthält Links zu externen Websites Dritter, auf deren Inhalte wir keinen Einfluss haben. Deshalb können wir für diese fremden Inhalte auch keine Gewähr übernehmen. Für die Inhalte der verlinkten Seiten ist stets der jeweilige Anbieter oder Betreiber der Seiten verantwortlich. Die verlinkten Seiten wurden zum Zeitpunkt der Verlinkung auf mögliche Rechtsverstöße überprüft. Rechtswidrige Inhalte waren zum Zeit-punkt der Verlinkung nicht erkennbar.